CEO的7堂财务管理课

从读懂财务报表到做好企业风险管控

魏山水◎著

人民邮电出版社

北京

图书在版编目（ＣＩＰ）数据

CEO的7堂财务管理课：从读懂财务报表到做好企业风险管控 / 魏山水著. -- 北京：人民邮电出版社，2021.1
ISBN 978-7-115-54907-5

Ⅰ．①C⋯ Ⅱ．①魏⋯ Ⅲ．①企业管理－财务管理 Ⅳ．①F275

中国版本图书馆CIP数据核字(2020)第180479号

内 容 提 要

CEO作为企业的掌舵手，如何将财务管理的创新思维运用到公司的战略、管理和执行的每个环节？这是每个CEO都需要思考的问题。

本书主要讲述CEO必须掌握的7个财务管理知识：重塑财务思维、读懂财务报表、预算管理、降本增效、内部管控、财税管理和投融资决策，并且书中有大量的案例分析与实例演练，能够帮助CEO将财务管理的创新思维运用到对公司进行有效管理中。

本书适合企业CEO和其他企业管理者阅读。

- ◆ 著 魏山水
  责任编辑 单元花
  责任印制 周昇亮
- ◆ 人民邮电出版社出版发行 北京市丰台区成寿寺路 11 号
  邮编 100164 电子邮件 315@ptpress.com.cn
  网址 https://www.ptpress.com.cn
  北京天宇星印刷厂印刷
- ◆ 开本：690×970 1/16
  印张：13.25 2021 年 1 月第 1 版
  字数：193 千字 2025 年 9 月北京第 15 次印刷

定价：69.00 元

读者服务热线：(010)81055493 印装质量热线：(010)81055316
反盗版热线：(010)81055315

财务管理是企业经营过程中不可或缺的重要内容。一方面，企业的一切经营活动都离不开财务管理的监督和调控，如生产、经营、销售、存货等；另一方面，CEO 和相关的财务人员要通过财务管理，了解企业当前的资产和负债情况，不断修正企业当前存在的财务问题，进而不断提高企业的经济效益，促进企业更好更快地发展。

然而，在企业经营管理中，一些 CEO 不懂财务管理，甚至连基本的财务报表都看不明白。同时，有的 CEO 并不认为不懂财务管理是一件存在严重问题的事情，甚至有的 CEO 认为财务管理是财务部门的工作。其实，要想企业能够平稳运营，CEO 必须全面深入地掌握企业的经营情况和发展状况，这就需要学好财务管理这门课程。

为了更好地帮助 CEO 理解财务数字及其背后的意义，提升 CEO 的财务管理能力，本书分 7 章对 CEO 需要了解的财务知识展开了具体的论述。

第一章帮助 CEO 重新认识财务管理对企业的重要价值，了解财务管理在企业运营的各个环节所起的作用，以及业务管理和财务管理融合的难点和必须建立的 6 个财务管理新理念。从企业管理的角度来说，CEO 不仅要深入了解财务管理的相关知识，还要跳出"财务"看"财务"，不被其所困。

第二章帮助 CEO 读懂财务报表。从某种程度上说，财务报表是 CEO 学习财务管理的入门知识。据说巴菲特平日主要的工作就是看财务报表。有些 CEO 可能还不知道财务报表该从哪里看起。本章从企业管理的视角，指导 CEO 分析三大报表，即资产负债表、利润表、现金流量表，以及识别三大报表中的风险，做好财务管控。

第三章指导 CEO 规范地做好预算管理工作，包括企业预算管理的原则和目标，建立适合企业自身的预算管理体系，企业预算的核心指标和计算公式，预算编制方法，以及预算执行的跟踪与控制等，以使 CEO 对企业收支情况做到心中有数，保障企业正常运营。

企业的经营发展离不开支出和收入，如果支出过大或支出不合理，就会给企业带来潜在的财务危机。但不少初创企业并不注重预算管理，总认为这是一件企业发展到一定规模才会被提上日程的事情。其实不然，预算管理从企业成立之初，甚至是企业正式成立之前就要进行。所以，CEO 要与各部门负责人一起做好预算管理工作。

第四章从企业管理的视角指导 CEO 重新认识成本，一方面从业务流程寻找成本控制的关键点，另一方面从各职能部门（如销售、生产、后勤）、人力成本管控、材料成本、库存成本等方面入手，降本增效，不断提升企业的经济效益。

收入－成本＝利润。对企业而言，每消除一分成本浪费，企业就增加一分利润。但不少 CEO 在企业获得一点儿成就后就忘乎所以，致使企业内部耗费过大，让企业遭受重大的损失。因此，CEO 不仅要掌握企业的资产和盈利情况，还要了解成本、费用和薪酬等开支情况，开源节流，只有这样，才能让企业获得更多的利润。

第五章主要介绍完整的企业内控系统，包括资金风险及管控、采购业务风险及管控、销售业务风险及管控、工程业务风险及管控、合同管理风险及管控策略等。

　　内控管理是现代企业管理系统的重要组成部分，也是防止和发现企业舞弊行为的重要方法。CEO 要注意识别企业风险的本质，了解企业的三大风险并学会从管理层面正确认识企业内控。

　　第六章主要讲新财税体制下，如何减税降费。企业经营过程中涉及的税务比较复杂，CEO 要多关注并学习相关的财税知识。更重要的是，国家为了帮扶企业（尤其是中小企业）更好更快地发展起来，颁布了很多利于企业经营发展的优惠政策。CEO 了解这些优惠政策，既能降低一定的税费，又能使企业得到相应的扶持和帮助，进而让企业更轻快地发展起来。同时，企业在经营过程中也会面临各种财税风险，因此，CEO 也要注意控制风险，了解涉税风险的种类及其防范措施，进而监督和引导财务人员正确处理财税问题，避免企业利益受损。

　　第七章告诉 CEO 如何做好投融资决策。企业在发展过程中需要进行投融资决策，而投融资决策同样离不开财务数据的支持。CEO 只有找到投融资的财务支持和财务依据，才能有效地权衡风险、收益和成本，把控投融资的质与量，为企业创造收益。

　　本书立足于企业发展的实际要求，帮助 CEO 更好地掌握企业基本的财务知识和理论，通盘了解企业的财务现状，精准地把控企业当前的财务管理水平和企业的运营风险，进而为企业发展提供坚实的财务依据。

目　录

第一章

重塑财务思维：
从财务角度看企业管理

CEO 要学会从财务角度重新认识企业管理，建立财务管理新理念，认识财务管理对企业战略的重要影响。

1 不懂财务管理，怎么做 CEO？

美国历史上第一位亿万富豪约翰·戴维森·洛克菲勒曾说："不是每一个对数字敏感的人都会成为优秀的老板，但是优秀的老板往往会牢牢地把握企业的数字。"

事实上，洛克菲勒的第一份工作是做会计师。这份工作不但培养了他对财务数字的敏感度，更让他具备了强大的财务数字解读能力。因此，解读企业的财务数字不断帮助他做出正确的决策，让其事业实现了飞速发展。

当然有很多 CEO 认为自己的企业刚刚成立或发展规模不大，并不涉及高深的财务管理，不懂财务管理可能也没有什么影响。这些 CEO 之所以有这样的想法，是因为他们还没有充分认识财务管理的重要性。

财务管理对企业的发展有着至关重要的影响，它是一家企业在经营发展过程中必不可少的重要支撑力量。具体表现在两个方面：一方面，企业的一切经营活动都离不开财务管理的监督和调控，如生产、经营、销售、存货等；另一方面，CEO 和相关的财务人员要通过财务管理，了解企业当前的资产和负债情况，通过整理、分析财务报表和寻找财务问题产生的原因等，不断解决企业当前的财务问题，进而不断提高企业的经济效益，促进企业更好更快地发展。

可以说，财务管理是企业管理的重中之重，是企业稳定向前发展的重要控制手段。

不懂财务管理是很难做好 CEO 的，因为企业 80% 的风险源于财务风险，而财务风险主要源于 CEO 对财务情况的判断不准和缺乏相关的财务知识。

对于 CEO 来说，必须掌握 5 点财务管理知识，如图 1-1 所示。

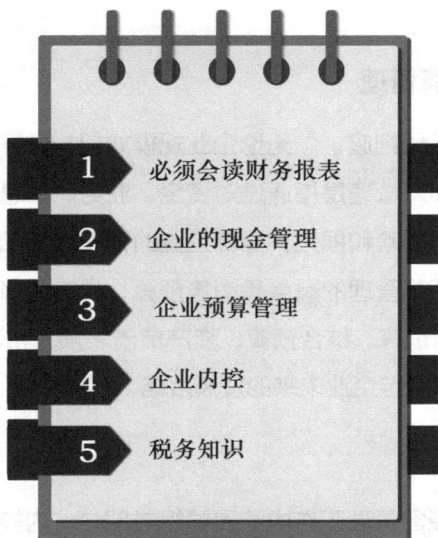

图 1-1　CEO 必须掌握的财务管理知识

（1）必须会读财务报表

读懂财务报表是读懂财务管理的基础。

财务报表包括资产负债表、利润表、现金流量表等。它就像汽车上的仪表盘一样，能够显示企业是否安全运行；也像一张晴雨表，可真实地反映企业的经营状况和财务状况，并为企业改善经营管理、科学决策提供可靠的依据。CEO 通过分析以上 3 张财务报表，可以多角度诊断企业的财务状况，利用财务报表做经营、管理、投资、融资等决策。

（2）企业的现金管理

现金流是企业的血液。如果 CEO 在经营管理中能够精确地预测现金流，就可以保证资金充足的流动性和企业的健康发展。这就要求 CEO 要及时查看每月现金流入流出的情况，做好资金计划，保证资金的顺畅流通。同时，还要合理地控制运营风险，提升企业整体资金的利用效率，不断加快企业自身的发展。

（3）企业的预算管理

"凡事预则立，不预则废。"无论企业规模如何，做好预算管理都是财务管理的重要内容。企业预算管理是指通过对资金、业务、信息、人才的整合来明确资源的合理分配以降低风险和损失，提高企业的管理水平和经营效率，实现企业价值最大化的过程。预算管理的重点是销售预算、生产预算、直接材料预算、直接人工预算、制造费用预算、综合预算、资产负债表预算和利润表预算等。CEO要根据以上几项预算来制定企业未来的发展战略。

（4）企业内控

企业内控是企业经营管理工作中的重要组成部分。内控工作做得好的企业能让管理工作合理、有序地运行，降低生产成本，提高运营效率。同时，内控制度能够让企业内部各组织机构明确责任，相互监督以实现权力制衡，提高工作效率和相互的可靠性。另外，企业内控可实现对相关会计资料的有效处理和严密控制，以保证会计资料和凭证的真实性和准确性，避免疏漏。

（5）税务知识

税务知识专业且严谨，不是本专业出身的人员确实很难厘清其中的知识点，CEO 也不例外。但税务知识关系到一家企业经营管理的规范性和合法性。因此，CEO 一定要积极了解税务方面的相关知识，与同行或专业人士多交流，以填补自己的知识空缺。

总之，财务管理对企业经营管理有着重大的影响，CEO 可能不必亲自处理财务工作，但必须精通财务管理的相关知识。更重要的是，财务数字对企业各个方面的决策都有着重要影响，作为企业决策的核心人物，CEO 本人懂得财务管理是一件非常重要的事情。

2 什么是真正的财富？利润≠财富

在不少 CEO 的观念中，财富和利润是画等号的。实际上，利润并不是真正的财富。首先，利润具有一定的"欺骗性"，尤其是很多企业的账面利润虽然看起来丰厚，但无法变现。例如，CEO 从财务报表上看到企业有大量的应收账款，从表面上看，企业当前的利润尚可，但实际上企业在收回应收账款的道路上可能会遭遇重重阻碍，并不能顺利地回收这些资金。这也是很多 CEO 抱怨"企业有利润但是没有可支配的现金流"的主要原因。

其次，虽然账面利润多，但是如果收不回来的利润也比较多，那么货币的机会成本就会加大，无形间增加了企业的损失。这部分损失其实是不能算入企业的财富中的。

一般来说，企业的收入抵减费用后形成利润。营业利润、利润总额和净利润是 3 个不同的概念。

【核心要点】

营业利润是企业通过日常经营活动取得的利润，是企业利润的基础和保障。

利润总额受非经常性业务的影响，在营业利润的基础上加上营业外收入，减去营业外支出，就可以得到企业的利润总额。

净利润则反映企业的最终盈利水平，"利润总额"扣除所得税之后就可以得到企业实现的"净利润"。

可能很多 CEO 有这样的体会，企业账面上有清晰可见的利润，但是企业依旧出现运营困难、资金周转不灵的现象。原因在于企业账面上可见的利润只是以应收账款、存货等不能迅速变现的资产形式存在的。应收账款和存货是否能成功变现成为利润，会受到诸多因素的影响。因此，企业真正的财富不能与利润画等号，利润也不是现金。

因此，CEO 不能因利润表上的数字很大而沾沾自喜，而要知道账面上的利润远不如企业现金流重要。如果把利润比作水，那么现金流就是空气。人失去水还能存活两三天，但失去空气最多存活几分钟。这就是企业现金流的重要性。

这里需要强调的一点是，重视现金流，不等于忽视利润的价值。对于一家企业来说，利润是非常重要的，但利润不等同于财富。对于企业来说，什么是真正的财富呢？真正的财富是价值增长。

【实操案例】

《财富》发布的"2019 年中国 500 强排行榜"显示，阿里巴巴位列互联网服务类企业的第一名。尽管如此，阿里巴巴却不是最"赚钱"的企业。榜单显示，阿里巴巴的利润水平排在银行业、电信业以及同样是互联网服务类企业的腾讯之后。但是，我们不能否定阿里巴巴的"吸金"能力。

2019 年 5 月 14 日，路透社（英国最大的通讯社）报告显示，阿里巴巴抢占了全球品牌价值第二名的位置。阿里巴巴的品牌价值增长 48%，达到 1310 亿美元。

与只能看到的"来去匆匆"的账面利润相比，价值增长才是真正的财富。它能展现企业的资金活力和发展空间。如果一个企业的价值增长是停滞不前的，那么这个企业就像一潭死水。但是如果这个企业的价值在不断增长，那么它的潜力是无限的，其在未来也会创造出巨大的财富。

所以，企业如果要想实现财务增长，想在时代发展的浪潮中站稳脚跟，就需要让自己的产品、品牌和企业形象实现价值增长。只有实现价值增长才能不断创造财富。

　　总之，企业的利润不是真正的财富，CEO不能只将目光盯在利润上，还要多关注企业的价值增长。利润有来有去，甚至只是一串数字或形如泡沫。CEO要用发展的眼光看待企业发展，塑造正确的财务思维，只有这样，才能真正帮助企业实现财富增长。

3 重新认识企业财务管理

　　随着时代的发展，企业财务管理也有了新的内涵。如果CEO总是用陈旧的观念去理解企业财务管理，就很难跟上新时代。从整体上看，企业财务管理正在从利润管理衍变为价值管理。

　　过去，很多CEO第一步思考的是企业如何能获得更多利润，目标侧重于利润管理，把结果放在第一位。当然这也无可厚非，利润是企业生存发展的核心指标，不论是投资人还是企业管理层都非常关心企业的盈利能力。

　　同时，利润管理是企业目标管理的重要组成部分，直接或间接地影响各经济主体的利益。适度的利润管理对企业的成长有着重要的作用，具体表现在以下3个方面。

　　（1）利润是企业生存的重要保障，也是企业向股东、管理人员和职工分配价值的直接来源。在企业中，利益分配的标准就是依据利润表上的数字确定的，如管理人员的奖金、股东的股利、销售人员的提成等。我们在一定程度上，可以认为利润总额对企业的利润分配活动起到决定性的作用。

　　（2）利润可以反映企业的效益和经营业绩，寻求利润也可以体现出企业管理人员在资本市场上的进取精神。

　　（3）利润是企业的外在形象。利润可以给投资者和债权人信心，从而促进企业的发展。

　　但是，过度的利润管理也会给企业带来不良的影响。如果CEO一味地坚持利润最大化的管理目标，那么企业业绩评价指标即为利润、净资产收益率、总资产收益率等财务指标。但是，若仅以这些财务指标来评价企业的业绩，很容易就会出现以下 3 个问题。

一是企业相关的财务人员很容易犯"利润至上主义"的错误，为了能让利润"显得"更亮眼，可能会通过造假、隐瞒等手段欺哄上司。

二是过度追求"利润"会让企业行为变得"势利"，这一行为是不利于企业长期发展或可持续发展的，缩小了企业的发展空间。

三是没有充分考虑股东的利益，不利于稳定股东的情感。如果企业在发展过程中出现问题，可能会发生股东并不愿意全力以赴地帮助企业渡过难关的情况。

由于过度利润管理的弊端明显，且不利于企业的长期行为，所以价值管理就显出了其强大的优势。价值管理又被称为基于价值的管理，它的核心在于如何最大化地实现股东价值。具体说来，它是依据企业的发展愿景，设定出与愿景相符合的企业文化，自发地将组织和个人的目标凝聚起来。只要员工行为与企业的价值理念一致，员工就拥有一定的自主权，可直接执行或解决工作上的问题。利润管理与价值管理的区别，如图1-2所示。

价值管理的价值点在于 CEO 在一开始就已经思考清楚了企业怎样做、如何做得好，重视价值管理才能赚取更多的利润，把"因"放在第一位。这一行为不仅能有效地组织传播企业价值观念和企业文化，还能有效地融洽员工与组织、企业间的情感，让员工发自内心地行动起来，进而让企业获得长期的发展动力，保障企业的长久发展。

价值管理是 CEO 基于对未来现金流量的期望，考虑所有资本成本和机会成本而做出的企业经营管理决策，其注重的是企业真正的价值创造和企业的长远利益。因此，CEO 重新认识企业财务管理的要点就是将目光从利润管理转移到价

	价值管理	利润管理
企业价值	注重企业的长期利益与长期发展空间	没有考虑到投资资本的来源以及资本的机会成本，使企业行为只考虑眼前的短期利益
股东价值	极大地关注到了股东的利益，并以实现股东价值最大化为目标	没有对股东利益给予足够的关注，也难以给予股东充足的信心

图1-2 利润管理与价值管理的区别

值管理上，关注企业的长远利益。

此外，CEO 要想实现股东价值最大化，就要做到价值创造，在企业发展中建立以价值创造为核心的理念，让价值创造成为企业每一位成员的自觉行为。一切经营活动都围绕着价值创造、实现股东价值最大化的目标开展。

【实战指引】

如何实施价值管理？

第一，组织企业内部员工学习有关价值管理的相关知识，使其了解企业的发展愿景和组织目标，众志成城地朝着总目标看齐。

第二，当企业确定以价值管理引导企业发展时，企业的绩效考核指标要围绕价值创造做出相应的调整。

第三，建立有效激励员工的绩效考核制度，依据考核结果确定员工的薪酬，以激励员工自发地在工作中创造更多价值。

总之，CEO 要想让企业获得长久的发展，就要用价值管理的眼光看待企业发展问题，以实现股东价值最大化为方向，确立企业的终极财务目标和非财务目标，并在企业中建立科学的价值管理组织体系，在企业上下营造一种价值意识的氛围。

4 财务管理与企业价值链的关系

财务管理与企业价值链有着重要的关系。

什么是企业价值链？企业价值链是以企业内部价值活动为核心而形成的价值体系。这一概念是由美国哈佛大学商学院教授迈克尔·波特在 1985 年提出的。波特认为："每一个企业都是在设计、生产、销售、发送和辅助其产品的过程中进行种种活动的集合体，所有这些活动可以用一个价值链来表明。"这些活动大致可分为两类，即基本活动和辅助活动。基本活动包括市场、销售、服务等；辅助活动包括采购、技术开发、人力资源管理等。这些活动构成了一个价值创造的动态过程，即价值链。

有的 CEO 认为，原材料采购、产品生产、库存及最终的销售是价值链的核心。其实不然，为了能使企业价值链真正运作起来，企业还需要"支援活动"。在"支援活动"中，排名第一的就是财务。除此之外，还有人力资源管理、技术开发、内部控制等，如图 1-3 所示。

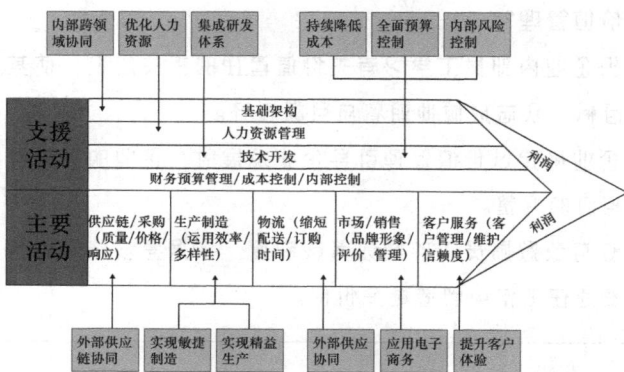

图 1-3　财务管理与企业价值链的关系

下面，我们具体分析一下财务管理与企业价值链之间的关系。

（1）价值链管理理念对财务管理职能形成冲击

在一个企业中，企业价值链既有主要活动，又有支援活动。但是在实际的企业管理中，不少 CEO 往往会犯"重业务、轻管理"的错误，认为只能在制造、物流、销售、服务等这样的环节才能实现价值创造。但是我们从企业价值链上可以看出，实现价值创造是整个价值链系统，而不只是其中的某一环或某几环在起作用。财务管理是通过对业务提供支撑而实现价值创造的，所以 CEO 不能将财务管理与企业价值链割裂看待。

价值链管理是以企业的价值为中心，以企业价值增值为导向的管理方式，这种管理方式有利于突破 CEO"利润至上"的狭隘观念，从而考虑整体价值最大化的问题。价值链管理理念也拓宽了传统意义上的财务管理范畴。

传统的财务管理常将重点工作放在已经发生交易的报告处理和控制上，但是忽略了企业的长远发展与价值增值。同时，传统的财务管理将业务与财务割裂开来看待，并且只是单纯指向财务这一个环节，而价值链管理则可以贯穿企业活动的始终，更能明确财务管理在企业运营过程中的地位和价值。

（2）价值链理念的产生体现了管理发展的要求

企业经营的根本目的在于为股东创造财富，换句话说，就是实现企业价值最大化。企业的价值受各价值要素的驱动，如资本投入、流程开发、销售业务等企业生产经营的各个环节。尤其随着市场竞争日趋激烈，企业如果想提升自身的价值，就必须深度贯彻价值链理念。

【实操案例】

比亚迪公司创立于 1995 年，涉猎 IT、汽车、新能源和轻轨交通四大产业。2019 年 8 月 21 日，比亚迪公司公布了 2019 年上半年业绩报告。报告显示，企业实现营业收入 621.84 亿元，同比增长 14.84%，呈现良好的发展势头。

比亚迪公司的良好发展离不开企业价值链的重要影响。比亚迪公司的价值链活动分为生产活动和支持活动。生产活动包括进料、生产、装配、销售和售后等；支持活动包括企业基础设施、人力资源、技术开发和采购等。在每一个环节，比亚迪公司都做了明确的分工和管理，形成了一套完整的产业链，有序推进企业的发展。

随着规模的壮大，比亚迪公司开始向海外市场蔓延，以获得更多的市场占有率。当然，企业规模的快速扩展需要大量的资金支持。相关资料显示，比亚迪公司的负债和所有者权益在大幅增长。比亚迪公司的资产负债率自上市后逐年走高，资产中的应收账款比例也很高。

我们从比亚迪公司的案例能够看出，企业的价值链的扩展与财务管理息息相关。企业必须整合好生产、营销、财务、人力等各种资源，做好计划、协调、监督和控制等工作。既要有效延长企业的价值链，又要保障企业的发展资金充足，形成良性的内部循环。

总之，CEO 要塑造正确的财务思维，要深刻了解财务管理是通过为业务提供支撑服务而创造价值的，不要割裂财务管理与企业价值链的关系，而应充分利用两者的关系来带动企业的运转，提高企业的经济效益。换言之，CEO 如果能正确把握财务管理与企业价值链的关系，就能有效提高组织的管理水平，优化企业的核心业务，提升市场竞争力，实现价值增值。

5 业务管理和财务管理融合的难点

不少 CEO 认为财务就是财务，业务就是业务。但在实际的企业管理过程中，财务与业务是完全融为一体的。财务管理是企业经营管理的基础，能够为企业各项业务的发展提供支撑和保障。同时，业务管理直接推动着企业的业务经营，影响着财务管理工作的价值，两者融合对企业发展有着重要的意义。但是两者的融合并不容易，下面我们分别从财务部门和业务部门的视角分析这两者融合的难点，如图 1-4 所示。

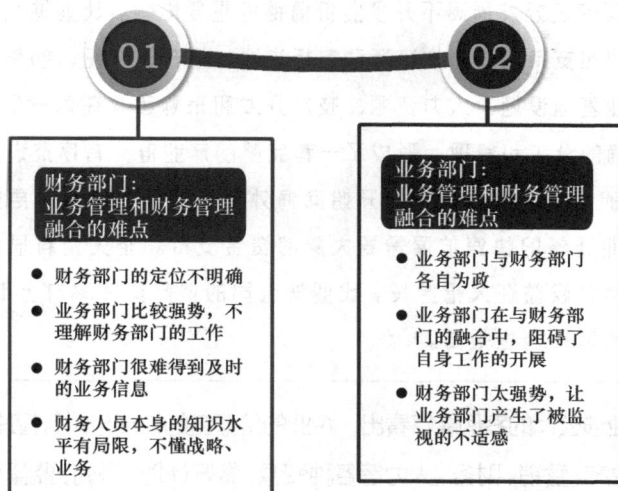

图 1-4 业务管理和财务管理融合的难点

01

财务部门：
业务管理和财务管理
融合的难点

● 财务部门的定位不明确
● 业务部门比较强势，不理解财务部门的工作
● 财务部门很难得到及时的业务信息
● 财务人员本身的知识水平有局限，不懂战略、业务

02

业务部门：
业务管理和财务管理
融合的难点

● 业务部门与财务部门各自为政
● 业务部门在与财务部门的融合中，阻碍了自身工作的开展
● 财务部门太强势，让业务部门产生了被监视的不适感

（1）财务部门：业财融合（业务管理与财务管理融合的简称）的难点

以财务部门为视角展开，业财融合的难点主要表现在以下 4 个方面。

第一，管理层对财务部门的定位不明确或定位在传统的会计核算层面。

具体表现在，有的管理层财务管理的意识比较淡薄，随意性较强，将财务部门当成一个简单地做记账、报账、出报表等工作的部门，并没有充分重视财务部门的作用。有的管理层把财务部门当成企业组织的一个辅助部门，没有意识到财务部门的价值。

第二，业务部门比较强势，财务部门比较弱势，业务部门不理解财务部门的工作。

在大多数的企业经营管理中，业务部门显示出了其强势的存在。因为企业的组织、运营、发展都是围绕业务展开的。CEO 也认为只有企业的业务经营到位，才能为企业赚取更多的利润，于是将企业的资金、人员、资源等都向业务部门倾斜，人为地弱化了财务部门的存在感。

与此同时，业务人员其实也不懂得财务知识，既不知道财务需要什么，也不知道自己能提供什么。具体表现为以下两点：

一是业务人员因为专业知识和水平的限制，不能理解财务管理的相关知识；

二是业务人员没有深入财务部门中，所以他们不知道财务部门需要什么样的信息。

两者沟通常常出现只站在自己立场上说话的现象，并不能真正地帮助企业厘清问题。

第三，财务信息系统与其他管理信息系统没有集成，财务部门很难得到及时的业务信息。

企业有财务部门、业务部门、人力资源部门等多个部门，各部门形成一个完整的系统，它们既保持一定的独立性，又相互影响，共同作用。但不少企业的财务系统与其他管理信息系统没有集成，相互间是分散的、割裂的，因此财务部门很难得到及时的业务信息。也就是说，业务部门和财务部门是独立工作的，它们根据各自的工作状态来选择和设计信息系统，这就导致部门间的数据难以融合，出现"信息孤岛"现象。直接表现为业务状况不能反映出财务部门的运行情况，同样，财务数据也不能实时地跟踪业务的运营管理。

第四，财务人员本身的知识水平有局限，不懂战略、业务。

不可否认的是，企业中的很多财务人员不能被称为真正意义上的财务管理工作者。受专业知识和自身认知水平的限制，他们并不懂企业经营的战略和业务，而只能被称为一个"算账先生"，或者只能执行单一的工作任务，如记账、报销、出报表、报税等。

企业要想实现业财融合，财务部门不仅要做好记账工作，还要根据企业的经营业务情况做好分析、预算和决策等工作，促进企业的主营业务发展。

（2）业务部门：业财融合的难点

以业务部门为视角展开，业财融合的难点主要表现在以下 3 个方面。

第一，业务部门与财务部门各自为政，不能实现融合。

企业要想发展得好，业务部门应该与财务部门实现融合，两者融会贯通，让财务部门帮助业务部门实现预期的目标。现实是业务部门和财务部门常各自为政，并没有充分地实现融合。这样一来，财务部门不了解业务部门中的采购、生产、销售、存货等业务流程，也就无法提供帮助。

第二，业务部门在与财务部门融合的过程中，阻碍了自身工作的开展。

在财务部门与业务部门融合的过程中，财务部门的各种管理和控制不仅没有发挥促进作用，反而阻碍了业务部门的工作开展。但这并不意味着财务部门不应该与业务部门融合，而是要注意方法。首先，双方应该以尊重为前提进行融合，这样做更易于赢得对方的配合；其次，融合要循序渐进，而不是一蹴而就的。

第三，财务部门太强势，让业务部门产生了被监视的不适感。

这里指的是财务部门确实与业务部门相融合了，但是结果不仅没能帮助业务部门，反而阻碍了业务部门实现目标。原因在于财务部门在相互协作的过程中表现得过于强势，让业务部门产生了"财务部门是企业派来监视我们"的不适感，致使业务部门在与财务部门融合过程中束手束脚，难以自如地展开工作，甚至产生抵触情绪。

业务管理和财务管理在融合的过程中，要注意规避以上提及的难点，做到有序、有节、有效地融合。

6 财务管理如何影响企业战略

财务管理在企业经营发展中起着重要的作用，良好的财务管理能让企业运转自如，有效地降低企业的经营成本，提高企业的营业收入，实现企业利润最大化。同时，有效的财务管理也能让企业经营者对企业的发展情况一目了然，了解企业的钱花在了哪里、收益如何、下次该如何调整等，以保证企业稳定快速地发展。

财务管理涉及资产的购置、资本的融通和经营中现金流量和利润分配的管理。可以说，CEO 决定如何组织企业财务活动、处理财务关系，对企业战略有着重要的影响。CEO 根据企业发展的不同阶段，在财务管理中所采取的企业战略也是不同的。

财务管理与企业战略的关系十分紧密。财务管理为企业战略提供理论基础，同时企业战略在财务管理理论的基础上结合企业的发展时机，进一步制订出适合企业的财务战略，帮助企业实现经营目标。换句话说，如果没有做好财务管理，企业战略就无以为继。

（1）财务管理在企业战略中扮演着新角色

随着时代的发展和商业环境的变革，传统的财务管理已经不能适应市场信息的快速反馈。因此，战略型财务管理应运而生。一般来说，战略型财务管理更重视外部环境和各方资源，它要求企业主动去适应市场环境，以满足客户的需求为目标，注重产品的品质、客户满意度等，进而不断赢得更多的市场生存空间。

同样，财务部门也开始扮演着更丰富多样的角色，如成为业务部门的"合作伙伴"、为企业决策提供方向、帮助企业制定目标、诊断改善绩效等。这对财务人员也提出了更高的要求，不仅要具备财务管理理念和专业的财务知识，还要提升对企业战略管理的认识，进而发挥更大的作用。具体说来，战略财务人员是以财务管理为核心工作内容，作为企业的战略支持者而存在的。

【核心要点】

战略财务主要分为以下 3 个层次

一是与企业的规划、战略相关，工作偏向于财务决策；

二是与企业运营过程控制相关，包括预算、绩效、资产管理等；

三是与企业的经营活动分析、评价相关，包括业绩评价、投入产出效益分析等，工作重点是研究决策行为结果，为决策行为提供有效信息。

如果一个企业的财务管理做得到位，就会极大地保障企业战略的正确实施。在企业战略实施的过程中，到位的财务管理就像是储备充足的仓库，能够源源不断地为企业输送能量。

（2）战略财务和财务战略

财务管理对企业战略的影响主要表现在两个方面，即战略财务和财务战略。首先，我们来了解战略财务的定义。

【核心要点】

战略财务是指企业将长期目标和未来规划转换为财务预测模型，并预设在不同的经营、投资和筹资活动下，模拟和分析得出企业的盈利、资产负债和现金流量情况。同时，使用不同的企业价值评估方法对企业和股东价值进行评估，进一步了解不同战略对企业长期财务的影响。在此基础上，综合得出最佳财务战略方案。

企业战略的规划和制订要以财务管理为核心，而战略财务又是财务管理的核心职能，包括构建与维护、资本管理、资源配置、决策支持和价值管理等。

具体来说，战略财务是指 CEO 通过企业的盈利能力、现金创造能力、价值创造能力、风险控制能力等表现，了解企业与以前相比是更好还是更差，与竞争对手相比是更弱还是更强等；从高管团队的绩效考评，了解企业高管的工作是否更出色，是否给企业带来了更强的发展，是否要给企业高管团队奖励等。通过负债政策、股权分配政策、投资政策等分析和评价企业的财务政策，进而了解可通过哪些调控政策帮助企业持续健康发展等。

其次，我们来了解一下财务战略的定义。

【核心要点】

财务战略是指为了实现企业资金均衡有效地流动、整体战略的有效实施，增强企业的财务竞争优势，结合企业内外部环境对资金影响的分析，从全局性、长期性和创造性角度对企业资金进行规划，以确保实现财务目标。

财务战略即在财务管理工作中应用战略管理思想，从企业发展的全局出发，制定相应的财务管理措施，进而提高企业财务管理的质量。在财务战略方面，CEO 要从如何筹资、如何降低资本成本、是否需要进一步调整财务政策、如何调整和制订企业财务战略等几个方面，来了解企业当前的财务政策是否合适，是否存在需要调整或修正的地方。简言之，CEO 需要通过企业的实际发展和财务业绩了解企业当前的经营状况，进而判断企业战略是否到位。

总之，有效的财务管理能使企业战略更符合企业的实际发展，同时也能帮助企业在发展中规避更多的财务风险，促进企业又稳又快地发展。

7 CEO 必须建立的 6 个财务管理新理念

在企业发展变革的过程中，财务管理也相应地出现了新变化，展现出了新的趋势。为此 CEO 必须建立 6 个财务管理新理念，以适应企业及市场的变化和发展，如图 1-5 所示。

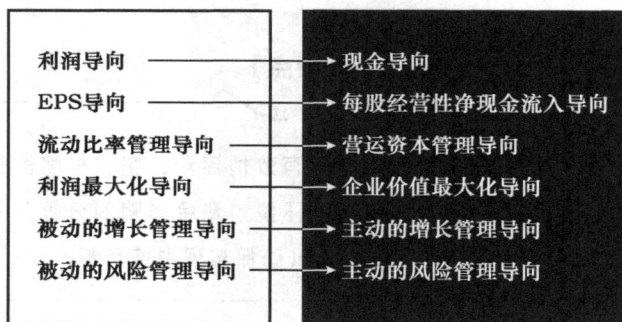

利润导向	→	现金导向
EPS导向	→	每股经营性净现金流入导向
流动比率管理导向	→	营运资本管理导向
利润最大化导向	→	企业价值最大化导向
被动的增长管理导向	→	主动的增长管理导向
被动的风险管理导向	→	主动的风险管理导向

图1-5 CEO 必须建立的 6 个财务管理新理念

（1）从利润导向到现金导向

在过去的财务管理中，不少 CEO 坚持的是利润导向。但随着时代的发展，利润导向型的企业越来越难以获得长足的发展。以利润管理为目标的企业难以体现其价值，不利于企业自身的价值增长，很容易让其陷入追求眼前利润的局限中。另外，从某种程度上说，利润是虚无的，只有落入口袋的才是"钱"。一家企业的账面利润再高，企业日常运营若是没有足够的现金流量，也无法进行正常的经营活动，甚至会因为现金流不畅通而走向破产、倒闭。

现代企业 CEO 要坚持"现金为王"，建立现金导向的财务管理新理念。现金导向的优势在于，能够引导 CEO 整理、识别、合理运用和科学评价企业的现金流转能力，了解企业当前的现金流是否能够支撑企业的正常运营，为企业价值创造和长期竞争提供支撑。

（2）从 EPS 导向到每股经营性净现金流入导向

EPS 导向即每股盈利导向，也被称为每股税后利润、每股盈余，指税后利润与股本总数的比率。EPS 导向的优势在于能够从中了解企业的经营成果，衡量普通股的获利水平及投资风险，评价企业的盈利能力。但这并没有考虑到资金的时间价值和风险价值等因素，也容易导致企业经营行为的短视化。

因此，现代企业 CEO 要树立每股经营性净现金流入导向的新理念。因为经营性现金流净流入是企业经营的"血脉"。一般来说，现金净流量越大，企业的偿债能力就越强。经营性现金流量若是流畅，就能有效地改善企业的财务状况，为企业的健康发展提供源源不断的动力。

（3）从流动比率管理导向到营运资本管理导向

流动比率是流动资产对流动负债的比率，企业 CEO 可以以此判断企业的偿债能力。坚持流动比率管理导向能够引导 CEO 关注企业的财务风险，了解企业短期债务偿还能力。但是这个导向也有局限性——它无法评估企业未来的资金流量，也不能反映企业资金融通状况，还表现出应收账款的偏差性等缺点。此外，流动比率高的企业并不一定就有强偿债能力。有的企业虽然资产负债率不高，流动比率较高，但是仍然面临严重的债务风险，因为企业的资产负债结构不合理，营运流动资金不足。

因此，CEO 要坚持营运资本管理导向的新理念。这个理念既关注到了流动资产和流动负债，又弥补了流动比率管理导向的缺点，同时也控制了存货、应收账款和预付款的风险。

（4）从利润最大化导向到企业价值最大化导向

利润最大化导向的财务管理理念虽然能够关注到企业的利润和盈利能力，实际操作性也很强，但是它的缺点也很明显。这个理念很容易让企业陷入追求短期利益的局限中，从而忽视了资金的时间价值，不利于企业的长期发展。

随着时代的发展和要求，现代企业的 CEO 要坚持企业价值最大化导向的财务管理部理念，追求股东利益价值最大化。因为股东的资本（权益资本）是昂贵的、具有很高的机会成本。同时，这个理念也考虑到了资金的时间价值，规避了企业在追求利润上的短期行为。

（5）从被动的增长管理导向到主动的增长管理导向

现实有不少企业坚持的是被动的增长管理导向。但随着时代的发展和商业环境的变革，这个理念其实不适合企业的长期发展。现代企业的财务管理理念要向主动的增长管理导向转变，积极地通过经营管理让企业的营业收入、经营净现金和税后利润保持增长，不断提高企业的经济效益，有效提升企业的竞争力，让企业在激烈的市场竞争环境中占得一席之地。

（6）从被动的风险管理导向到主动的风险管理导向

与第五个财务管理理念相似，被动的风险管理导向已经不适合时代的发展和要求了。为此，CEO 要向主动的风险管理导向转变，增强企业的抗风险能力。

【实战指引】

企业总风险的计算公式

企业总风险 = 经营风险 × 财务风险

根据上面的公式可以看出，企业要降低经营风险和财务风险，进一步说，就是要降低固定成本和财务费用，以达到降低企业总风险的目的。

在新的时代发展要求下，CEO 必须建立以上 6 个财务管理新理念，不断修正自己脑海中旧的财务管理理念，进而优化自己的管理行为，提高企业效益。

8 CEO 必须会的一招：跳出"财务"看"财务"

"不识庐山真面目，只缘身在此山中。"虽然 CEO 了解财务管理的重要性，希望掌握全面的财务知识，如现金管理、预算管理等，但往往被困在"庐山"中不得要义。

通常情况下，一名 CEO 做财务分析会经历 3 个层次。

【实战指引】

CEO 做财务分析的 3 个层次

第一个层次：读懂财务报告。这是最低要求，即 CEO 要掌握基本的财务知识，了解报告中每一个项目代表的含义。

第二个层次：读透财务报告。读透比读懂的层次更高，意味着 CEO 不仅要了解隐藏在财务报告后的不易被察觉、关注的问题，还要关注到表外的资产、企业治理结构和潜在的运营风险等。

第三个层次：跳出财务看财务。这是最高层次，不应要求 CEO 能够打开思维和眼界，突破局限，还要求 CEO 能够站在宏观角度去把握财务在整个企业运营中的位置和与业务间的关系。

因此，CEO 必须会的一招就是跳出财务看财务，这意味着 CEO 不应只是盯着财务本身，而更应该关注财务在整个企业中的位置，以及如何和业务搭配得当为企业创造更大的价值，以帮助企业更好地运转起来。

不少 CEO 常割裂看待财务和业务，具体表现为只关注财务或只关注业务。其实所谓财务即"财务＋业务"，它们都在为企业创造价值。要想让企业有序地运转起来，CEO 要做好业财融合，并克服业财融合的难点，推动财务部门升级和转型。

目前，企业的财务部门大致可分为 3 类，即记账型财务部门、控制型财务部门和价值创造型财务部门。

记账型财务部门是指在业务部门完成业务后，按照会计准则进行记账、算账和报账的账务部门。两者是完全独立的，互不干涉。但是在这个过程中，财务部门并没有发挥作用。因为财务部门并没有让资金、现金流和利润等发生任何改变，只是单纯地进行记录工作，并不能创造出价值。

控制型财务部门是指有的企业在国家财政部下发的《内部控制规范》的要求下，转向控制型，严格确定好自己的财务目标，并以达到财务目标为首任的财务部门。很多企业在一开始就用力过猛、矫枉过正，只注重合规目标而忘记了其他的目标，结果是企业内控制度和流程不仅难以发挥它的作用，而且阻碍了企业的正常运转。

价值创造型财务部门是以价值创造为基本目标，与业务部门共同协作，持续帮助企业实现价值最大化的财务部门。例如，中国著名企业中化集团的 CFO 杨林在回顾企业的发展历程中，不由得感叹价值创造型财务管理的重要作用："以价值管理为核心，发挥财务管理对企业战略推进和业务发展的决策支持与服务功能，使财务成为业务发展的最佳合作伙伴，成为价值创造的重要驱动力，成为帮助企业提升核心竞争力的重要力量。"

未来，财务部门的发展方向要集记账型、控制型和价值创造型为一体，让企业的业务部门与财务部门有效配合，取长补短，实现业财融合，促进企业快速发展。

CEO 只有跳出财务看财务，才能不被财务本身局限，真正发挥财务管理的作用。如果 CEO 能够将业财融合的观念传播给每一位员工，让每个部门的每个员工都能掌握基本的财务知识，学会用财务管理的思维去工作，那么就可以让企业的发展跃升到一个更高的层次。

第二章

读懂财务报表：
掌握财务报表数据背后的逻辑

　　财务报表是企业的无声语言，CEO
要学会从管理的角度解读财务报表，掌握
财务报表数据背后的逻辑，并以此为参考
做出更明智的决策。

1 财务报表与企业决策的关系

美国著名的财商教育专家罗伯特·T·清崎（Robert Toru Kiyosaki）曾说："你必须能够读懂财务报表。但是即使在美国也有 95% 的人看不懂财务报表，也分不清什么是资产，什么是负债。如果你想致富的话，必须能够读懂金钱的语言。就像你如果从事计算机的工作，就必须能够懂得计算机语言。"这句话充分显示了财务报表的重要性。

财务报表是对企业一定时期的财务状况、经营成果和现金流量的结构性表述。一般来说，财务报表至少包括 3 个组成部分，即资产负债表、利润表和现金流量表。其中资产负债表反映企业的资产，利润表反映企业的经营成果，现金流量表反映企业的现金流量，如图 2-1 所示。

财务报表	作用
资产负债表	反映企业的资产
利润表	反映企业的经营成果
现金流量表	反映企业的现金流量

图 2-1　三大财务报表及作用

CEO 在经营决策时能从财务报表中得到重要的支撑和依据。同时，经营决策也是财务报表的方向和重点。

总体来说，企业整体的环境、经营理念和企业员工的素质会影响企业的决策，企业的决策又会影响企业的活动，包括生产、营销、人事、研发、财务等。同时，企业活动的结果又会在财务报表上有所反映，最终通过财务报表反馈出企业决策的优劣，如图 2-2 所示。换句话说，财务报表的情况能反映出企业决策的结果。

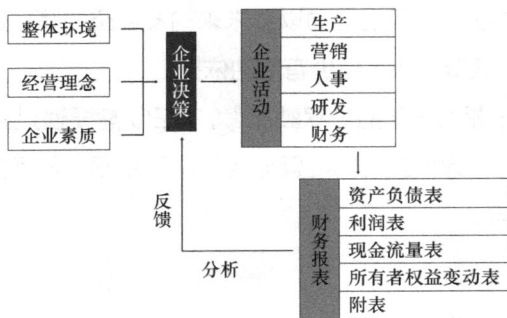

图 2-2　财务报表和经营决策的关系

（1）从财务报表中可以分析企业当前的经营策略和方向是否正确

财务报表对企业有着重要的作用，它是企业生产经营状况的综合体现，CEO能够从财务报表中了解企业的生产经营情况和财务成果，通过分析财务报表来了解企业当前的经营策略和方向是否正确、是否需要调整等，也可以通过财务报表评价过去、衡量现在、预测未来。

在日益激烈的市场竞争中，企业要想稳定发展，就要对财务报表的各项指标，尤其是报表中的异常数据进行分析研究，这可以为企业决策提供真实、有用的会计信息。同时，财务报表也是 CEO 的成绩单，CEO 可以通过财务报表了解自己的决策水平，哪些地方需要改进、哪些方面相对有进步等。因此，通过财务报表上的数据，CEO 可以了解企业经营情况，从而指导企业的经营决策方向、纠正不当操作等。

可以说，财务报表和企业决策有着重要的关系。企业决策可以通过财务报表反映出来，而分析财务报表又可以对企业接下来的决策提供方向和指导。

（2）财务报表上的情况为企业决策提供有效的依据

一个优秀的 CEO 必须了解企业的财务状况，包括了解企业现在赚不赚钱、债务风险高不高、偿债能力强不强、企业运作是否正常、现金流是否有问题等。这些情况都是可以从财务报表中反映出来的。

　　同时，企业的投资者、债权人或供应商等会通过分析企业财务报表，了解企业的赚钱能力、偿债能力、营运能力以及未来的发展空间等，进而可确认投资的收益和债务风险，为其做出决策提供有效的依据。

　　总之，财务报表是 CEO 的"驾驶舱"，CEO 需要通过报表上的各项数据知晓企业的经营状况，评价企业的经营业务和决策水平，从而判断企业的经营方向，纠正错误的操作。

2 财务报表应该怎么读？

　　对于一名 CEO 来说，深入解读财务报表是一份非常重要的工作。虽然从财务报表中判断企业当前运营的状况已经成为 CEO 必备的基本功之一，但是不少 CEO 在拿到一份财务报表后，还是很容易陷入云里雾里，不知道该怎么看。

　　财务报表也叫对外会计报表，是会计主体对外提供的反映会计主体财务状况和经营成果的会计报表，主要包括资产负债表、利润表、现金流量表等。

　　总体来说，CEO 要通过资产负债表了解企业的财务结构和负债情况，通过利润表了解企业的经营能力和损益情况，通过现金流量表了解企业在这一阶段现金的流入流出情况。

　　CEO 要运用财务思维解读企业运作，了解企业的偿债能力、营运能力和盈利能力，掌握报表数据背后的逻辑。

【核心要点】

　　CEO 在查看财务报表时，要重点关注以下会计要素：资产、负债、所有者权益、收入、费用和利润等。这几个要素并不是单独存在的，而是相互影响的。

例如，一个企业的收入情况会受到企业资产的制约。资产的变化会影响负债的增减。收入发生变化，利润可能也会发生变动。因此，CEO 要用整体性思维去解读财务报表并综合分析。三大财务报表的功能各异，各司其职，却又相互影响。

【核心要点】

资产负债表的 3 个核心：资产、负债、所有者权益，资产＝负债＋所有者权益；
利润表的 3 个核心：收入、成本费用和利润，利润＝收入－成本（费用）；
现金流量表的 3 个核心：经营活动、投资活动、筹资活动的现金流入和流出。

三大财务报表的功能，如图 2-3 所示。

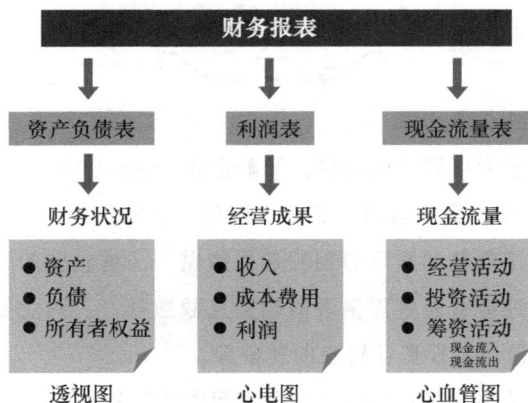

图 2-3　三大财务报表的功能

资产负债表是企业的"底子"，也是企业的透视图，CEO 解读资产负债表，能够了解企业的规模、资产分布情况以及所欠的外债和内债。资产＝负债＋所有者权益，所以 CEO 解读资产负债表时要重点关注负债和所有者权益数值的变化。

利润表是企业的"面子"，也是企业的心电图。一般来说，CEO 通过利润表可以了解企业的实际收入、发生的费用以及利得和损失等金额及其结构情况。净利润同现金流量的差异在于净利润是按权责发生制核算的，而现金流量是按收付实现制核算的。差异的原因在于企业的产品发生积压；由于客户财务困难，企业的应收账款增加；不能利用商业信用延长付款期限等。

现金流量表是企业的"日子"，日子过得好不好在于口袋里是否有"银子"。同时现金流量表也是企业的"心血管图"。一个人的血液若是出现了问题，将会遭遇重大危机。同样，企业的现金流出现了问题，甚至会面临破产的险境。美国芝加哥大学商学院教授麦肯锡曾说："现金流量是企业的脉搏，是企业生存的关键信号，现金流在现代企业管理中的重要性要胜过利润，企业管理是以财务管理为中心的，而财务管理的中心是资金管理，资金管理的中心则是现金流量管理。"这句话显示了现金流对企业的重要作用。所以 CEO 要高度关注现金流量表，及时了解企业的"心血管"是否健康通畅。

为了有效解读财务报表，CEO 可以采取 3 个步骤。

【实战指引】

解读财务报表的 3 个步骤

第一步，查看三大报表的总额栏，了解企业的总体情况。

CEO 可以通过资产负债表的相关总额数据，了解企业的资产规模、负债规模和净资产规模；通过查看利润表的相关总额数据，了解企业的营业收入、营业成本和盈利情况；通过查看现金流量表的相关总额数据，了解企业的现金流入和流出情况，以及企业是否出现资金短缺的现象等。

第二步，重点关注财务报表中的众多项目中的异常项目。

例如，应收款数据过大、现金流入数据过小、利润总额与上期相比锐减、短期借款激增等。对此，CEO 要进一步了解具体情况。

第三步，与相关财务人员深度分析财务报表中的异常数据。

这一步主要是通过对异常项目的分析，对企业当前阶段的经营发展情况进行深度诊断。同时，CEO 还要结合当前的市场环境及其变化，发现企业存在的问题或需要调整的方向等，为企业未来的发展提供依据。

总之，解读财务报表是 CEO 的基本功，CEO 要认真做好这项工作，为企业发展提供更好的决策。

3 三大报表反映企业经营的基本逻辑

我们知道汽车仪表盘上有时速表、油量表和机油压力表等。驾驶员需要通过观察这些仪表上的变化，直观地了解当前汽车的整体情况，从而确保汽车安全地行驶在公路上。

因为汽车仪表盘与汽车驾驶的特殊关系，也有人将经营企业比作驾驶车辆，而三大报表即是"仪表盘"。资产负债表相当于机油压力表、现金流量表相当于油量表、利润表相当于车速表，它们都服务于企业经营。如果企业经营的利润低，那么这家企业就跑不快。如果现金流量低，那么这家企业从长远角度看就会面临危机。资产负债表能提醒 CEO 关注企业的累积表现。企业要想平稳运行，就要密切关注"仪表盘"上的这些数字变化。

具体来说，企业经营需要资金，根据资金的动态和静态会计要素建立了资产负债表和利润表。为了反映企业资产的变现能力，提高管理者对企业偿债能力的判断和分析，又引入了现金流量表。CEO 可通过三大报表了解企业的财务状况、经营成果和现金流量。

【核心要点】

三大报表反映企业经营的基本逻辑有 1 个口诀

筹集资金，投入生产；

投入生产，实现收入；

控制成本，赚取利润；

管理利润，创造现金。

我们从三大报表的不同作用方面，分析一下它们如何反映企业的经营状况。

（1）资产负债表反映的是企业的整体情况，企业累积至某个时点所拥有的资产和负债

资产负债表所传递出来的直接信息是现金够不够、应收账款多不多、存货多不多、占用的营运资金多不多、固定资产投资有多少、是否债台垒筑、短期负债是否过高等。这是 CEO 在拿到资产负债表时需要重点了解的信息。

资产负债表是反映企业在某一时期的资产、负债及所有者权益规模和构成等财务状况的会计报表。资产负债表是企业的"底子"，查看资产负债表，能了解企业的规模、资产分布情况以及所欠的债务。要想了解企业的状况，CEO 必须了解企业的"家底"。

通过解读资产负债表，CEO 可以了解企业历年的发展速度及资产分布是否合理，也可以根据某一时期的负债总额及其结构，看出企业未来需要用多少资产或劳务清偿债务以及清偿时间，从而判断企业的负债规模是否合理，劳务风险如何等。

（2）利润表反映的是企业在一定时期内的经营成果

利润表反映的是企业在一定时期内的经营成果。CEO 通过利润表可以了解企业的盈利能力。当企业将筹集来的资金投入生产后，产品产出，企业会获得收入。将收入所得减去成本，就得到利润。这里要区别一个概念，不是只要企业的收入大于支出，企业就会获得利润。因为利润和净利润只是账面利润，会受到诸多变动因素的影响。CEO 要想了解企业是否真的盈利，要重点考察企业的收益是否稳定，利润的变现能力如何。这也就是说利润和净利润都是账面收益，不能代表实实在在地落入企业口袋里的钱。因此，CEO 要重点关注利润的变现能力，具体可

以使用净利润现金含量这一指标。

【实战指引】

净利润现金含量的计算公式

净利润现金含量 = 现金净流量 ÷ 净利润

利润的变现能力与净利润现金含量的数值成正比，数值越大，说明资金的回笼能力越强。

（3）现金流量表反映的是企业在一定时期内的现金来源及流入流出情况

现金是企业运营的"血脉"。CEO 在查看现金流量表时，要了解企业的现金是否足够，口袋里是否还有余粮。虽然现金流对企业十分重要，但并不意味着现金越多越好，CEO 还是要根据企业经营情况确定现金的最佳持有量，同时加紧回收应收账款。

总之，如果把企业比作一辆汽车，那么三大报表就是企业的仪表盘。CEO 可以通过仪表盘中反映出来的信息，了解企业是否安稳运转。

4 如何从管理的角度分析资产负债表

一般来说，在一家企业处于经营状态时，CEO 会定期整理出当前所拥有的资产、欠供应商或银行的债务，以及股东或投资者投入的资金等。将这些内容整理成表格，就形成了我们常说的资产负债表。

资产负债表反映企业在某个时点累积的所有资产和负债，以及截至某个时点企业的价值（所有者权益）。为了能将企业负债控制在合理的范围内，CEO 需要分析企业的资产情况，及时了解企业当前的经营状况，以做出合理的规划和管理，帮助企业内部除错，纠正经营方向。

我们首先了解一下资产负债表的 3 个组成部分，即企业资产、企业负债和所有者权益。

（1）企业资产

企业资产包括实物资产和非实物资产，如图 2-4 所示。实物资产包括货币资金、存货、长期投资、固定资产等，非实物资产包括无形资产、递延资产、长期待摊费用等。

一般来说，从事生产的企业非流动资产比例比较高，而不从事生产的企业非流动资产比例比较低。

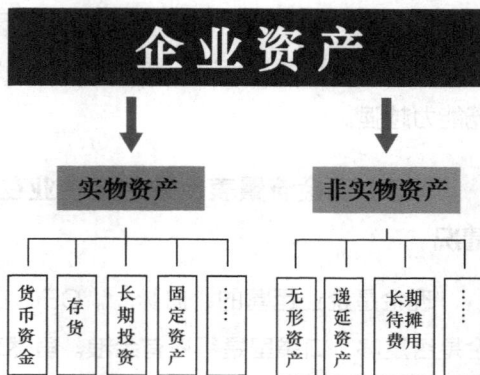

图 2-4　企业资产的分类

非流动资产包括厂房、机器设备等，这也是企业的固定资产。也就是说，可以从固定资产的比例看出企业的类型、经营策略和方向，以及资金的投入倾向和比例。

（2）企业负债

企业负债是指由企业过去的交易或事项形成的，预期会导致经济利益流出企业的现实义务。企业负债一般需要满足两个条件：一是与该义务有关的经济利益很可能流出企业；二是未来流出企业的经济利益的金额能够可靠地计量。

CEO 只有了解企业的负债情况，才能更好地安排企业的资金和生产运营。企业的流动负债和流动资产在金额上应该相互匹配，充分利用好应付账款等流动负债，可以促进企业的资金流动性。

　　企业负债包括流动负债（短期负债）和非流动性负债（长期负债），如图2-5所示。流动负债主要包括短期借款、应付职工薪酬、应付票据、应付账款、预收账款、应付股利、应交税费等。非流动负债则是指偿还期在一年或一个营业周期以上的债务，主要有长期借款、应付债券、长期应付款等。

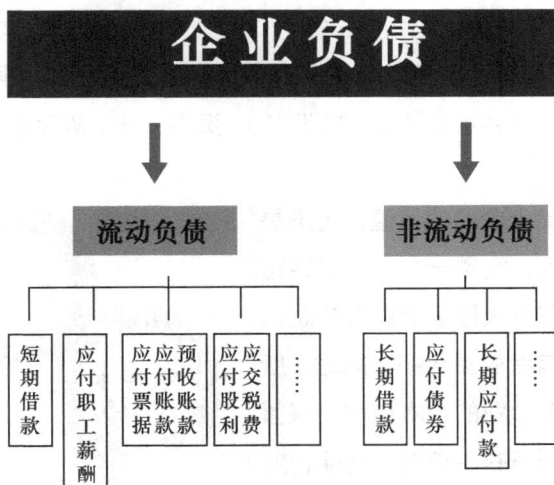

图2-5　企业负债的分类

　　负债是一把"双刃剑"。一方面，负债可以扩大企业的资金来源渠道、弥补企业营运资金和长期发展资金的不足、减少税收支出、降低营运成本、发挥出财务杠杆的作用；另一方面，在企业经营不善、企业发展需要资金周转的时候，如果企业的负债过大，应付账款或短期借款较多，那么企业的运转就会受到阻碍，授信额度也会受到影响。

（3）所有者权益

　　《企业会计准则》中对所有者权益的解释是企业资产扣除负债后由所有者享有的剩余收益，又称为股东权益。

【实战指引】

所有者权益的计算公式

所有者权益 = 资产 - 负债（受每年的盈亏影响而增减）

所有者权益是指所有者在企业资产中享有的经济利益，其金额为资产减去负债后的余额，包括实收资本（或股本）、资本公积、留存收益等，如图 2-6 所示。

所有者权益代表企业的价值。无论是贷款人还是投资人，衡量一个企业是否可靠、值得投资，在很大程度上参考的是资产负债表上的所有者权益数据。同时，所有者权益还能稳定企业的资本结构，保留一定规模和比重的所有者权益，能使企业避免陷入高负债的危机中。

下面我们通过一个案例，说明企业如何从管理的角度分析资产负债表。

图 2-6　所有者权益的主要内容

我们从管理的角度对 ×× 企业的资金增减变动情况、资金构成情况以及企业营运能力和偿债能力进行分析。

【实战案例】

×× 企业 2019 年 6 月的资产负债表，如表 2-1 所示。

表 2-1　××企业资产负债表

2019 年 6 月　　　　　　　　　　　　　　　　　　　　单位：万元

项目	期末余额	年初余额	项目	期末余额	年初余额
流动资产：			流动负债：		
货币资金	100	70	应付账款	2	6
应收账款	500	350	应付职工薪酬	10	80
存货	80	60	应交税费		
流动资产合计	680	480	流动负债合计	12	86
非流动资产：			非流动负债：		
长期股权投资	200	200	长期借款	575	650
固定资产原价	600	503	应付债券		
减：累计折旧	20	11	长期应付款		
固定资产净值	580	492			
非流动资产合计	780	692	非流动负债合计	575	650
			负债合计	587	736
			所有者权益（股东权益）：		
			实收资本	200	200
			未分配利润	673	236
			所有者权益合计	873	436
资产总计	1460	1172	负债和所有者权益总计	1460	1172

　　从表 2-1 中我们可以了解到这个企业 2019 年 6 月资产总额是 1460 万元，相较于年初的 1172 万元增加了 288 万元，增加了 24.57%；负债总额为 587 万元，相较于年初的 736 万元减少了 149 万元，减少了 20.24%；所有者权益总额为 873 万元，相较于年初的 436 万元增加了 437 万元，增加了 100.23%。从数据来看，该企业的运营状态良好。

　　下面，我们进一步分析和资产负债表相关的几个重要概念。

【实战指引】

流动比率的计算公式

流动比率 =（流动资产 ÷ 流动负债）×100%=（680÷12）×100%=5666.67%

一般来说，流动比率是衡量企业偿债能力的主要指标，最佳比率为 200%。但从计算结果得知这个企业的流动比率呈现一种极端现象，虽然显示该企业的偿债能力强，风险低，但是也显示出该企业没有充分发挥流动负债的作用，导致占用企业太多的现金资源，应收账款周转缓慢，最终造成资金紧张的局面。

【实战指引】

资产负债率的计算公式

资产负债率 =（负债总额 ÷ 资产总额）×100%=（587÷1460）×100%=40.21%

一般来说，资产负债的合理范围在 40%~60%，而案例中企业的负债率几乎处于下限。该企业的优点在于财务成本较低、风险较小，偿债能力较强，经营也很稳健。但是从另一个角度看，该企业当前的经营较为保守，因此应该适当地借入资金，但也要注意防范风险。

×× 企业的负债和权益结构，如表 2-2 所示。

表 2-2　×× 企业的负债和权益结构

	金额单位（万元）	比例
流动负债合计	12	0.82%
非流动负债合计	575	39.38%
所有者权益合计	873	59.8%
总计	1460	100%

通过表 2-2，我们可以了解到该企业的流动负债占资本总计的 0.82%，非

流动负债合计占资本总计的 39.38%，所有者权益则占资本总计的 59.8%。即该企业的债务资本比例为 40.2%，权益资本为 59.8%，由此可以看出该企业负债资本相对较低，而权益资本相对较高。一般来说，负债资本低而权益资本高能帮助企业降低财务风险，降低企业发生债务危机的概率，但同时也增加了企业的资本成本，不能有效地发挥债务资本的财务杠杆作用。

【实战指引】

速动比率的计算公式

速动比率 =（速动资产 ÷ 流动负债）×100%=（流动资产 - 存货）÷
　　　　流动负债 ×100%
　　　　=（680-80）÷12×100%=5000%

速动比率是企业速动资产和流动负债的比率，由于速动资产比流动资产更易于变现，用速度比率来衡量企业的偿债能力会比用流动比率更精确。流动比率的最佳值为100%。但是从数据可以看出该企业的速动比率为5000%，说明其短期偿债能力非常强，也没有短期债务的风险。

另外，我们也可以从资产负债表中看出企业的风险偏好。一般来说，高风险的资产负债结构会表现出资产负债率高、流动比率和速动比率都比较低。从该企业的财务数据来看，该企业的风险较低。

资产负债表也能反映出企业的战略转型。例如，应收账款虽然很多，但应收账款的周转速度很快，说明该企业的回款情况良好，企业也正朝着有利的方向发展。同时，CEO 通过分析资产负债表，可以把控企业转型的风险，如负债率过高、长期资产比重过高、资产负债结构失衡、资产质量因转型而恶化等，都能从资产负债表中的数据中反映出来。

通过表 2-1，我们可以看出，该企业的财务数据呈现出良性增加，即资产增加、所有者权益增加、负债率较低，说明企业的经营尚可。

总之，从管理的角度分析资产负债表，CEO 需要了解企业当前的资金使用情况和负债情况，了解企业的支付能力和营运能力，从而为企业的发展和转型做出正确的决策。

5 如何从管理的角度分析利润表

我们都知道企业的基本诉求是赚钱，为此，很多 CEO 会定期思考一个问题："企业是不是赚钱了？"要判断企业盈利或亏损，CEO 就要把目光投向利润表。

利润表又称为损益表，它反映的是企业在一定时期内（月度、季度、年度）营业盈利或亏损情况。通过利润表，CEO 可以知晓某个时期企业是盈利还是亏损，或是持平。

一般来说，看利润表首先要看净利润。如果净利润为负值，则表示企业经营为亏损状态，此时就要接着看利润表的其他项目，分析亏损的原因是什么。例如，是营业成本增加了，还是收入降低了等。当然，利润下降不是简单地由一种原因造成的，可能是收入、成本、期间收入、非经常性损益等各种原因共同作用的结果。

利润表内容包括企业的各项收入、费用和利润，具体来说包括企业的营业收入、营业成本、税金及附加、管理费用、销售费用、财务费用、投资收益和净利润等。

CEO 要巧妙地通过利润表中的数据发现机会，以努力提升企业的净利润。具体来说，CEO 要先从利润表中找出异常数据，再从表外找原因，在此基础上再联系表内的其他数据进行分析，进而找到提高净利润的方案。

利润表的主要内容包括收入、费用和净利润总额，如图 2-7 所示。收入包括营业收入、投资收益和营业外收入；费用包括经营业务发生的成本、销售费用、管理费用、财务费用、营业外支出和所得税；净利润总额是由全部收入和全部费用相抵计算得来的。

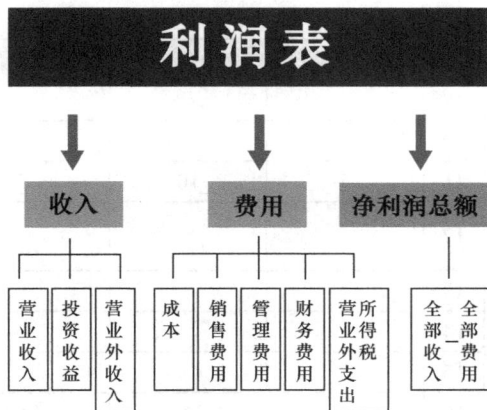

图 2-7　利润表的主要内容

为了方便理解，我们同样以 ×× 企业的利润表为例进行说明。

【实战案例】

×× 企业 2019 年的利润表，如表 2-3 所示。

表 2-3　×× 企业的利润表

项目	栏次	2018 年年末	2019 年年末	增加额（万元）	增长率（%）
一、营业收入	1	600	800	200	33.33
减：营业成本	2	450	400	−50	−11.11
税金及附加	3	13	15	2	15.38
销售费用	4	20	15	−5	−25
管理费用	5	25	25	0	0
研发费用	6				
财务费用	7	15	10	−5	−33.33
其中：利息费用	8				

（续表）

项目	栏次	2018 年年末	2019 年年末	增加额（万元）	增长率（%）
利息收入	9				
加：其他收益	10				
投资收益	11	5	10	5	100
其中：对联营企业和合营企业的投资收益	12				
公允价值变动收益	13				
资产减值损失	14				
资产处置收益	15				
二、营业利润	16	82	345	263	3.21
加：营业外收入	17				
减：营业外支出	18				
三、利润总额	19	82	345	263	3.21
减：所得税费用	20	20.5	86.25	65.75	3.21
四、净利润	21	61.5	258.75	197.25	3.21
（一）持续经营净利润	22				
（二）终止经营净利润	23				
五、其他综合收益的随后净额	24				
（一）不能重分类进损益的其他综合收益	25				
1. 重新计量设定受益计划变动额	26				
2. 权益法下不能转损益的其他综合收益	27				
（二）将重分类进损益的其他综合收益	28				
1. 权益法下课转损益的其他综合收益	29				
2. 可供出售金额资产公允价值变动损益	30				

（续表）

项目	栏次	2018 年年末	2019 年年末	增加额（万元）	增长率（%）
3. 持有至到期投资重分类为客供出售金融资产损益	31				
4. 现金流量套期损益的有效部分	32				
5. 外币财务报表折算差额	33				
六、综合收益总额	34				
七、每股收益：	35				
（一）基本每股收益	36				
（二）稀释每股收益	37				

　　从表 2-3 中可以看出，该企业 2018 年的净利润为 61.5 万元，处于盈利状态。2019 年的净利润出现大幅增长，上涨至 258.75 万元。我们从利润表中寻找原因，发现企业的营业利润出现大幅增加，从 2018 年年末的 82 万元上涨至 2019 年年末的 345 万元，说明该企业盈利状况良好，经营业绩也很好。另外，该企业的营业成本相较于 2018 年年末的营业成本下降了 11.11%。收入增加，成本降低，可见盈利可观。

　　盈利能力是指企业通过经营获得利润的能力。通常情况下，如果企业的盈利能力较强，就意味着有更多的现金流入，企业的偿债能力也较强，回报也较高，企业价值也更大。CEO 可通过分析利润表中的各项数据，综合得出企业收入、费用、利润出现增减变化及趋势的具体原因，并从中发现问题。

　　具体来说，CEO 在分析营业成本时，需要计算出各项成本明细所占的比重，并对这些明细比重的数据变化和增减情况做出检测，以方便及时了解哪些运营成本的增加导致了总营业成本的增加。

　　一般来说，营业收入是利润的根本来源。CEO 在分析营业收入时，要注重收入的多维度分析，如产品分析、收入结果分析等，并通过分析匹配相应的资金或人力资源。营业收入又分为主营业务收入和其他业务收入，其中要重点关注主营业务收入。因为主营业务收入是经常性收入，具有持续再生的特点。

如果主营业务收入下降，一般有 3 个原因：

一是产品价格下降；

二是销量下滑；

三是其他原因，如市场、同行等引起的。

除了营业收入下降会影响利润外，成本支出同样也会影响利润。

利润表中的营业成本一般包括直接材料、制造费用和人工成本等。如果 CEO 发现营业成本增长过快，除了要考虑原材料成本上升外，还要了解是否因制造费用（如电费、维修费等）或发放员工工资而导致的。

利润表中的各项费用包括销售费用、管理费用和财务费用。一般来说，费用增加意味着利润减少。但不是费用增加就一定是坏事。如果某个部分的费用支出推动了企业的发展，使企业获得了更高的收益，那么这个部分的支出就是值得的。

利润表管理的最终目的是增加企业的利润。增加利润可以从降低成本和提高收入两个方面着手。从某种程度上来说，降低成本比提高收入对于增加利润的效果更明显。基于管理视角，CEO 可以在提高收入的同时降低成本，即做到开源节流。

总之，从管理的角度分析利润表，CEO 需要了解企业当前的收益情况和成本耗费情况，了解企业的盈利能力和经营成果，从而不断修正经营理念，改善经营管理，进而提升企业的经济效益。

6 如何从管理的角度分析现金流量表

对于一家企业来说，利润高、赚钱能力强很重要，这能给企业的发展带来源源不断的动力。但是，如果企业现金流管理混乱，就会带来诸多麻烦，甚至会使企业因为现金流的断裂而走向破产。管理企业现金流的关键是从管理的角度分析现金流量表。

【核心要点】

现金流是指企业在一定会计期间按照现金收付实现制，通过一定的经济活动（包括经营活动、投资活动、筹资活动和非经常性项目）而产生的现金流入、现金流出及其总量情况的总称，即企业在一定时期的现金和现金等价物的流入和流出的数量。

那么，什么是现金流量表呢？

【核心要点】

现金流量表有 3 个构成要素，即现金流入、现金流出和现金流量，反映的是企业在一定时期内现金和现金等价物的流入和流出的情况。它以现金或现金等价物的流入和流出反映企业在这个时期内的筹资活动、经营活动、投资活动，从而对企业整体的财务状况做出客观的评价，并预测企业未来的现金流量。

如果说现金是"血液"，那么现金流量表就是"验血报告"，从这个报告中能够看出企业经营的好坏。

通过现金流量表，CEO 可以了解到：企业的现金是向债权人借入的还是投资者投入的，若发生融资困难能从何处筹集资金，现金支出用到了哪里，收益如何等。

这里，我们要区分一个关键信息——我们在资产负债表中也看到了"现金"，但是这两个现金有着不同的含义。资产负债表中的"现金"是狭义现金，即人民币或是外币。现金流量表中的"现金"则是广义上的现金，是指库存现金、可随时用于支付的存款和现金等价物等。从某种程度上说，现金流量表对资产负债表和利润表起到了补充说明作用，也更直观地反映了企业的经营状况。

从管理的角度看，比起赚取利润，我们更应该关注企业的现金流，让企业有钱可用。

【核心要点】

CEO 在读现金流量表时，要重点了解 5 个关键信息：企业现金流变化的具体原因、企业利润的含金量、企业获取现金的能力、企业投资和筹资活动对财务状况的影响、影响企业现金净流量的因素等。

归纳起来，CEO 就是要从经营、投资和筹资 3 个方面解读现金流量表。

【实战指引】

解读现金流量表的 3 个关键

一是将经营活动产生的现金流入和现金流出进行比较。

通常情况下，当现金流入远大于现金流出时，说明该企业能从经营活动中获得源源不断的现金，企业的产品或服务具有较强的变现能力。

二是分析投资活动所产生的现金流入和现金流出的数额。

以此判断该企业对外投资的规模以及该企业是否有扩建的趋势。如果一个企业构建固定资产的支出较大，那么该企业很有可能处在扩张期。同时，如果一个企业的现金流量净额主要来自投资活动，那么该企业的持续发展能力会受到质疑。

三是分析筹资活动产生的现金流。

由此分析企业的资金来源，从而分析企业的偿债能力。如果一个企业的现金流入主要源于企业的借款，那么其面临的偿债压力是较大的。如果现金流入主要来源是企业吸收的贷款，那么企业面临的偿债压力就是较小的。

【实操案例】

××企业2017—2019年现金流量表（部分）如表2-4所示。

表2-4　××企业2017—2019年现金流量表（部分）

	2017年	2018年	2019年
经营活动现金流量净额（万元）	−0.4	−20	5
投资活动现金流量净额（万元）	−30	−17	−4
筹资活动现金流量净额（万元）	53	119	−4

从表2-4可以看出，该企业的现金流量并不轻松，2017年和2018年的经营活动产生巨额现金净流出，投资活动的规模也很大，但因为该企业的筹资能力较强，才使企业勉强过得下去。从2019年的数据看，该企业的经营活动现金流量净额出现正值，说明企业的经营活动和业务有所回转；投资活动现金流量虽然仍是负值，但相较于2017年和2018年的数值，情况也出现了好转；不过，该企业的筹资活动现金流量净额出现大幅度降低，说明该企业的融资能力大幅下降，侧面说明投资人看到该企业的经营不善，丧失了继续投资该企业的信心。综合得出，该企业的资金压力非常大。

总之，对于一家企业来说，现金流有着至关重要的作用。一个企业断了现金流，就像是一个人断了血液，很难存活。对于CEO来说，一定要重点关注企业现金流的问题，管理好企业的现金流，让企业发展有着源源不断的"血液"。

7 创建利于决策的简要财务报表

一张利于决策的简要财务报表，最核心的要求就是能够让CEO或其他决策人员在短暂的浏览时间内，就了解当前企业的经营情况，进而全面把握企业目前的财务状况，做出更好的决策。

最重要的三大财务报表是现金流量表、资产负债表和利润表。每个表中的科目和数据众多，有的 CEO 或其他决策人员本身并不是专业的财务人员，看到满目数字就头昏脑涨，无法立即做出判断，更不能从中做出企业决策。所以，根据决策需求制作简要的财务报表很有必要。

当然，简要的前提是利于决策，所以不可随意删减表中的科目和数据。一般来说，有利于决策的简要财务报表要能让 CEO 或其他决策人员在短时间内了解到以下信息。

【核心要点】

从利润表中要了解的信息是企业营收情况如何？毛利率高不高？营业收入高不高？企业是否赚钱了？赚了多少？

从资产负债表中要了解的信息是企业现金有多少？是否够用？存货是否过多？负债比率是否过高？是否有快到期的债务？

从现金流量表中要了解的信息是企业的现金收入有多少？支出有多少？新增债务带来现金流入有多少？

（1）制作简要的资产负债表

虽然是制作简单的财务报表，但是表中该有的数据还是要有的，尽量能够全面地展示企业的经营情况。简要的资产负债表模板，可参考表 2-5。

【实战案例】

××企业 2019 年 6 月的资产负债表，如表 2-5 所示。

表 2-5　××企业的资产负债表

2019 年 6 月　　　　　　　　　　　　　　　　　单位：万元

项目	期末余额	年初余额	项目	期末余额	年初余额
流动资产：			流动负债：		
货币资金	400	300	应付账款	2	5
应收账款	450	340	应付职工薪酬	12	80
存货	86	35	应交税费		
流动资产合计	936	675	流动负债合计	14	85
非流动资产：			非流动负债：		
长期股权投资	150	150	长期借款	650	730
固定资产原价	800	800	应付债券		
减：累计折旧	22	10	长期应付款		
固定资产净值	778	790	非流动负债合计	650	730
非流动资产合计	928	940	负债合计	664	815
			所有者权益：		
			实收资本	200	200
			未分配利润	1000	600
			所有者权益合计	1200	800
			负债和所有者权益总计	1864	1615
资产总计	1864	1615			

从表 2-5 可以看出，简要的资产负债表的主要内容包括资产和负债与所有者权益两大栏。其中资产包括流动资产、非流动资产等；负债与所有者权益包括流动负债、非流动负债和所有者权益等。

当 CEO 或其他决策人员拿到这张资产负债表时，一眼就能知晓企业当前的经营概况，如企业拥有多少资产（货币资金、应收账款、长期股权投资、固定资产等）、企业的流动负债如何、是否存在过大的压力、长期负债多少、所有者权益情况等。这些都是能够直观地通过表中的相关数据获悉的。如果决策需要进一步了解其中详情，可以向有关财务人员询问。

（2）制作简要的现金流量表

虽然是简要的现金流量表，但是表中该有的数据同样也不能缺少，要全面地展现企业现金流量流入流出的情况。下面，我们以 ×× 企业在 2019 年 12 月的简要的现金流量表为例展开分析。

【实战案例】

×× 企业的现金流量表，如表 2-6 所示。

表 2-6 ×× 企业的现金流量表

2019 年 12 月 　　　　　　　　　　　　　　　　　　单位：万元

项目	行次	本期金额	上期金额
一、经营活动产生的现金流量	1		
销售商品、提供劳务收到的现金	2	100	120
收到的税费返还	3		
收到其他与经营活动有关的现金	4	10	5
经营活动现金流入小计	5	110	125
购买商品、接受劳务支付的现金	6	20	20
支付给职工以及为职工支付的现金	7	50	60
支付的各项税费			
支付其他与经营活动有关的现金			
经营活动现金流出小计	9	70	80
经营活动产生的现金流量净额	10	40	45
二、投资活动产生的现金流量			
收回投资收到的现金	11	10	8
取得投资收益收到的现金			
处置固定资产、无形资产及其他长期资产收回的现金净额	12	20	30

（续表）

项目	行次	本期金额	上期金额
收到其他与投资活动有关的现金			
投资活动现金流入小计	13	30	38
支付其他与投资活动有关的现金	14	8	7
投资活动现金流出小计	15	8	7
投资活动产生的现金流量净额	16	22	31
三、筹资活动产生的现金流量			
吸收投资收到的资金	17	10	15
取得借款收到的资金			
收到其他与筹资活动有关的现金			
筹资活动现金流入小计		10	15
偿还债务支付的现金	18	10	15
分配股利、利润或偿付利息支付的现金	19	20	30
支付其他与筹资活动有关的现金			
筹资活动现金流出小计		30	45
筹资活动产生的现金流量净额	20	−20	−30
四、汇率变动对现金及现金等价物的影响	21	5	8
五、现金及现金等价物净增加额	22	47	54
加：期初现金及现金等价物余额	23		
六、期末现金及现金等价物余额	24	47	54

在表 2-6 中，CEO 可以非常直观地了解到该企业的资金是否紧张。

首先，我们看该企业的经营活动现金流量，期末余额和年初余额都为正值，且年初余额为 120 万元。当一个企业的经营活动现金流量是正数且数值较大时，说明企业不仅能轻松地支付经营活动中的货款、员工工资及各项费用，还能为继续扩张业务提供资金来源。

其次，我们再看该企业的投资活动现金流量。从表 2-6 中的数据来看，年初投资活动现金流入 38 万元，而该时期投资活动现金流出为 7 万元，投资活动产生的现金流量净额为 31 万元，该数值为正数，说明该企业的投资盈利情况良好。

当 CEO 拿到一张现金流量表时，应重点关注企业经营活动产生的现金流量的流入和流出情况，具体通过查看销售商品、提供劳务等项目收到的现金，购买商品、接受劳务等支付的现金，以及支付给职工的薪资等，了解企业当前是否出现现金流运行不畅的情况。另外，CEO 还需要了解企业投资活动和融资活动的现金流量情况，以此了解该企业当前的吸金能力如何。

总体来说，即使是简要的现金流量表 CEO 或其他决策人员也要能从中了解企业当前的支付能力、偿债能力和周转能力如何，接下来要做什么计划安排，以确保企业有序发展。

（3）制作简要的利润表

简要的利润表也分为营业收入、营业利润、利润总额和净利润四大项目。下面，我们以 ×× 企业在 2019 年 12 月的利润表为例，分析如何制作简要的利润表。

【实战案例】

×× 企业的利润表，如表 2-7 所示。

表 2-7 ×× 企业的利润表

2019 年 12 月　　单位：万元

项目	行次	本期金额	上期金额
一、营业收入	1	1000	800
减：营业成本	2	700	600
税金及其附加	3	20	12
销售费用	4	8	10
管理费用	5	8	10
财务费用	6	3	3
二、营业利润	10	261	165
加：营业外收入	11	5	8

（续表）

项目	行次	本期金额	上期金额
减：营业外支出	12	3	5
三、利润总额（亏损总额以"－"填列）	14	263	168
减：所得税利润	15	65.75	42
四、净利润（净亏损以"－"填列）	16	197.25	126

通过表2-7，CEO可以了解到企业从经营活动和非经营活动中分别取得了多少利润，从而判断企业当前的盈利能力和未来的成长性。

净利润能反映出企业生产经营活动的成果。每股收益是股东获得股利的基础，CEO或其他决策人员可以据此判断资本保值、增值等情况，也可以用来对企业的盈利能力进行综合判断。同时，CEO或其他决策人员还可以根据营业收入了解企业业务的盈利水平如何，根据销售费用、管理费用、财务费用等了解企业的管理水平如何，进而做出相应的决策，帮助企业更好地发展。

创建利于决策的简要的财务报表要求财务人员通过分析企业经营发展中的各项数据，制作出能够让CEO或其他决策人员一眼就能抓住"要害"的报表。这不是简单的事情，需要相关部门做出紧密的配合，共同协作完成。尤其是CEO，不仅要向财务人员明确决策所需的关键数据，还要协调相关部门人员通力合作，以高效完成简要的财务报表的制作，为快速决策提供帮助。

8 如何识别三大财务报表中的风险

华为集团的总裁任正非对"财务金三角"有一段形象的描述："考核要关注销售收入、利润和现金流三足鼎立，支撑起企业的生存发展。单纯的销售额增长是不顾一切地疯狂，单纯地追求利润会透支未来，不考核现金流将导致只有账面利润。

光有名义利润是假的，没现金流就如同没米下锅，几天等不到米运来就已经饿死了。"

这段话中的"销售收入、利润和现金流"都是三大财务报表中的重要项目，三者有着千丝万缕的联系。正如任正非所描述的那样，"单纯地追求利润会透支未来，不考核现金流将导致只有账面利润"，这些都是企业将面临的风险。因此，从三大财务报表中识别出企业经营的风险，对 CEO 来说，是一件非常重要的事情。三大财务报表中的主要风险，如图 2-8 所示。

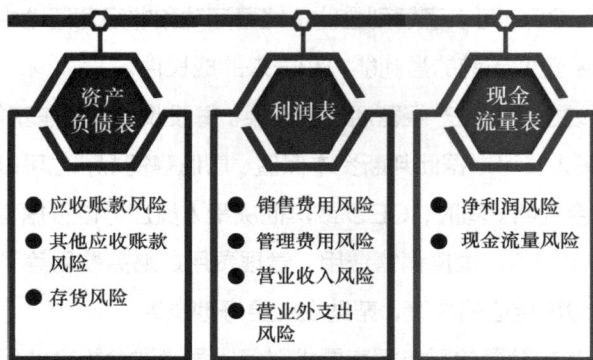

图 2-8　三大财务报表中的主要风险

（1）识别资产负债表中的风险

我们先来分析一下需要识别的资产负债表中的风险。

第一，应收账款风险。

应收账款是销售出去的货物或服务还没有收回的货款，是企业对客户的债权。

如果一家企业的收入和利润有水分，应收账款就会藏污纳垢，因此 CEO 需要识别是否出现虚增的应收账款。另外，CEO 需要意识到有些应收账款可能永远都收不回来，而财务会计又没有来得及做冲销坏账的工作，因此这一部分账款实质上已经是坏账，也是企业的损失。

所以，CEO 要对应收账款的质量进行考量，要结合客户或客户企业的信用情况、应收款的账龄情况做出分析判断，如超长期的应收账款金额过高，说明客户的信用不过关，或者产品交付有问题等。

第二，其他应收账款风险。

其他应收账款属于资产负债表中的流动资产，而企业间的资金拆借是形成其他应收款的重要原因。因为资金拆借不涉及商业贸易往来，不签订购销合同，相互不需要开具发票，因此出借人和借款人只是一般意义上的资金往来。因为牵扯不清，所以其他应收款有"资产垃圾筐"之称。

面对长期无法收回的其他应收账款，企业要做好其成为坏账的准备，但因为一直没有做冲销处理，导致其他应收账款仍然长期搁置在流动资产行列，致使出现资产虚高、利润虚高的现象。

另外，如果股东从企业借款较多，说明企业内部没有做严格的管控、公私不分。

第三，存货风险。

一般来说，从事商品贸易的企业尤其害怕存货，因为存货不当就会变成一座压在身上的大山。

如果 CEO 不能有效评估存货价值，这些存货的期末价值可能就是一笔糊涂账。CEO 需要看到更具体、详细的数据，以做出进一步的判断。

另外，CEO 也要注意识别未结转成本所形成的虚假库存。

（2）识别利润表中的风险

我们再来分析一下需要识别的利润表中的风险。

第一，销售费用风险。如果销售费用所占的比例过高，CEO 就需要了解一下企业当前的销售渠道是否畅通，市场是否完全打开，是否获得客户的认可等。如果其中一项或多项答案是否定的，则表明企业该做的前期宣传工作没有做到位。

第二，管理费用风险。如果企业的管理费用所占的比例较高，则反映出该企业的内部营运效率差，可能形式主义盛行，而这正是 CEO 需要注意识别的风险。

第三，营业收入风险。营业收入是衡量一个企业规模大小的标准之一，也是企业获得利润的重要保障，也能显示出产品在市场中的受欢迎程度。如果 CEO 发现营业收入出现严重下滑或停滞，就要意识到可能是当前企业的发展遇到了阻碍，市场开拓遇到了困难或者产品受到了冷遇等问题。

第四，营业外支出风险。一般来说，如果营业外支出过高，除去一些必要的正面原因，如企业捐赠等，其他情况基本可以认为与企业管理不善相关。

（3）识别现金流量表中的风险

现金流量表的重要性无须赘言，这里我们要分析一下如何从现金流量表的数据中识别风险。

【实战指引】

识别现金流量表中的风险要重点关注的数据

第一，净利润。一般来说，当企业的净利润大于零并且经营活动产生净流入时，说明企业的盈利能力强，并且还有资金进行其他投资。相反，如果企业净利润小于零并且无净流入，说明企业的盈利能力弱，要想维持正常经营，就要减少投资或是向外融资。

第二，现金流量。如果企业经营活动中产生的现金流量小于零，则意味着企业在经营过程中的现金流收支出现了问题，甚至已经发生了入不敷出的情况。如果现金流量等于零，则意味着企业当前做到了收支平衡。从短期来看，这种情况并无大碍；但从长期考虑，管理者需要寻找改进对策，否则就有可能出现现金流小于零的风险。

总之，CEO 要学会从三大财务报表中识别风险，进而控制风险，保障企业安全运营。

9 如何通过财务报表做好财务管控

CEO 不仅要会解读财务报表，还要会通过财务报表做好财务管控。这是一项很重要的工作。

从整体上看，企业在经营活动中常面临两大风险，即经营风险和财务风险。

经营风险一般是由企业产品成本过高、管理效率低下和企业战略运营不当等原因造成的，企业可通过控制成本、改善管理方法等方式加以调整。

财务风险则是企业因借入资金而产生的丧失偿债能力的可能性和企业利润（股东收益）的可变性而带来的风险。当企业不能偿还到期债务时，就会出现极大的风险。严重时企业会面临破产清算。

（1）通过现金流和应收应付账款，管控企业的资金周转情况

如果一家企业的账面利润很高，但是现金流不足，企业是无法进行正常经营活动的，甚至会面临倒闭的危机。

一旦企业出现现金不足的情况，企业一方面会因赊欠账款的不断增加而导致供应商不再提供货物，使企业生产停滞；另一方面会被各种债务缠身，难以挣脱。另外，现金不足还会导致企业无法给员工发放薪资、无法上缴税金、无法偿还到期债务等。这些都是现金不足导致的危险局面。但这并不意味着企业的现金持有量越多越好。考虑到资金的时间价值和企业对现金需求种类的不同，CEO 要确定企业现金的最佳持有量，从而让持有现金的成本最低而效益最大。这也是现金流的重要管控方法之一。除此以外，CEO 还可以通过组织财务人员定期清查库存资金对企业资金进行管控。这种方式既能反映企业当前的现金情况，又能防止相关人员的舞弊行为。

除了现金流之外，应收应付账款也是管控企业资金周转情况的关键。

应收账款是企业的重要流动资产，也是企业的重点管理对象，只有收回来的应收账款才是资产。应收账款是否能顺利收回取决于对方的信用和财务情况。应收账款过多，会导致企业资金周转困难，增加企业现金流出的损失等。对此，企业在管控时要做到赊销看对象、有度延长信用期、定期核对往来账等。

应付账款是指因购买材料、商品或接受劳务供应等而发生的债务，它是一种尚未结清仍需支付的债务。如果企业的信誉良好，短期内应付账款较多也是正常

现象，说明供应商愿意赊销货物给企业方。但大多数情况下，企业应付账款多说明企业当前资金周转困难，承受较大的资金压力。

具体来说，CEO 要做好未来现金流预测，了解企业需要多少现金流才是"安全"的。预测现金流的第一步是预测企业未来的经营状况，根据企业未来的销售收入、销售成本、营业费用、营运成本、固定资产、所得税等进行预测；第二步是预测未来的现金流量。预测时一般进行粗略估计，并不需要十分精确的数据，如表 2-8 所示。

表 2-8　现金流量预测表

单位：元

项目	2016 年	2017 年	2018 年	2019 年	2020 年
期初现金余额					
加：销货现金收入					
可供使用现金					
减：各项支出					
生产发生的现金支出					
销售和管理费用					
支付的各项税费					
购建长期资产					
股利分配					
现金盈余 / 短缺					
吸收投资					
借款增加额					
期末现金余额					

（2）通过资产与存货，管控企业的财富

资产和存货是企业拥有的财富。CEO 要从财务报表上了解企业的资产与存货情况，了解企业到底有没有钱。

企业资产是企业进行各项经营活动的基础，是企业盈利的必要条件。企业资产一般分为流动资产和非流动资产（固定资产、长期股权投资、无形资产等）。CEO 要组织财务人员定期进行资产盘点、做好资产评估、做好折旧、摊销和清理。

同时，企业的存货量过大，容易积压资金，既无法体现货物的价值，也无法让企业盈利。因此，CEO 要做好存货管理，确定最佳的经济订货量。此外，还要关注期末存货是否发生减值，以准确判断存货的价值。

（3）通过成本、费用和薪酬，管控企业的成本

CEO 不仅要了解企业资产和存货等，还要了解企业的成本、费用和薪酬等开支情况。

成本是指生产活动中所使用的生产要素的价格，所以成本也称为生产费用。管控成本对企业发展有着重要的作用，不仅能有效降低企业的支出，还能提高企业的效益。一般来说，企业管控成本要关注料、工、费三点。其中"料"是直接用于产品生产的材料费用；"工"是直接生产产品的工人工资；"费"是因组织和管理生产经营活动而发生的各项支出。

具体来说，企业要根据最佳经济订货量来降低企业材料的采购成本和库存成本，控制物料成本；通过控制单位人工费、合理选择企业所处的地理位置降低人工成本。同时，企业要注意降低各种费用，如销售费用、管理费用、财务费用等，以降低企业的经营管理成本。

总之，通过财务报表做好财务管控是 CEO 经营企业的重要一环。CEO 一定要仔细研究财务报表中的每一个项目和数据，并了解这些数据背后透露出来的企业经营状况的信号，并在此基础上，做出适当的调整和改变，有效利用企业的资金、资产完成经营计划，进而实现企业的战略目标。

第三章

预算管理：
全方位保障业财融合

　　"凡事预则立，不预则废。"CEO
要从整体出发，通过科学预测和核算，明
确企业预期的生产经营成果及财务状况，
科学且全面地编制预算表，全方位地保障
业财融合，不断提高企业的经济效益。

1 初创企业不要做预算？ NO！

初创企业要不要做预算？很多初创企业的 CEO 觉得做预算没有必要，在他们看来，初创期间各方面尚未稳定下来，做预算没有太大的实际意义，这是企业达到一定规模以后才需要思考的问题。其实这种想法是不对的。

初创企业不仅要做预算，还要把预算做得精细。因为做预算能够让 CEO 知道企业在哪些方面需要开支，以及需要多少费用才能支撑企业的日常运营等关键信息。

企业预算管理是指企业的管理人员和相关的财务人员从企业的整体出发，使用全局性的、科学的预算方法，对企业内部各种财务和非财务资源进行分配、考核和调整，以明确企业的财务状况，有效地组织和协调企业的生产经营活动，完成经营目标的过程。

通过编制预算，CEO 可以将企业的各项资源（如资金等）进行合理的配置，也就是俗话所说的"把钱花在刀刃上"。同时，相较于不做预算的 CEO，做预算的 CEO 通过预算管理能相应地增强自己对企业未来经营活动的管理信心，在分配资源和资金时更能做到心中有数。

因为初创企业成立不久，会面临各种经营风险和不确定因素，做预算可相应地降低一些不确定性，以增强 CEO 对企业的把控。

【核心要点】

一般来说，预算管理的主要内容有 4 个方面，分别是费用预算、人力资源预算、收入预算和现金预算。

费用预算基本上是每个企业都会做的预算，也是预算管理中最应该重点关注的一项。其主要内容包括办公费、房租费、职工薪酬、销售费用、业务拓展费、福利费等各项费用。

某蛋糕店的老板文蔚认为自己的店的规模不大，有三四个员工即可，员工的工资每个月大概要开支 20000 元，每个月进货大概要花 6000 元，每个月包装费用差不多需要 2000 元，租金每个月 7000 元。文蔚认为蛋糕店的地段选得不错，人流量应该很大，每个月营收在 80000 ～ 100000 元。文蔚觉得这个预算做得很完善了。

事实上，文蔚做预算的方法也是很多初创企业的 CEO 在预算管理方面存在的不足，即要么不做预算，要么做出来的预算非常粗糙，只是简单地对一些常规费用做了预算。但是企业在经营发展的过程中会遇到很多意料之外的费用，如电费、交通费、广告费、差旅费、招待费等，另外蛋糕店的实际收入与预期的收入可能也会存在很大的偏差等。所以，如果预算只是被粗略地制作出来，就难以达到预期的效果。

所以，除了做费用预算之外，CEO 在做预算管理时还要关注收入预算、人力资源预算、现金预算等。

收入预算是指根据企业当前的营业模式，对企业能获取多少收入进行预估。CEO 要依照企业的各项经营业务进行预估。

人力资源预算是指 CEO 根据企业的岗位设置及岗位人数对职位薪酬、培训费用等做出预估，了解企业在人力资源上需要支付多少钱。

现金预算是 CEO 对即将发生的现金流入流出的情况做出预算，预估维持企业正常运营需要多少现金流。现金流是企业运营的血液。对于初创企业来说，最重要的预算就是现金预算。因为初创企业一开始可能并不会有太多的业务收入，而企业每天都需要支付房租费、职工薪资、生产费用等各种费用。这就意味着 CEO 必须准备足够的资金来维持企业的正常运营。如果 CEO 自备的资金不能支撑企业日常的现金流，那么企业发展势必会遇到障碍。现金预算可以让 CEO 了解当前资金能坚持多长时间，以及还需要融资多少才能保证现金流不断。

一般来说，企业的预算期以季度或半年度为宜。但考虑到初创企业的波动，周期可以缩短为两个月，甚至是每个月。初创企业的 CEO 要深入了解每个月在哪些方面需要支出，一年究竟需要支出多少费用才能维持企业的基本运营。

同时，初创企业的 CEO 还要采取弹性预算和滚动预算的方式，并建立简洁高效的审批流程办理预算外的支付业务。

对于初创企业来说，提前做好预算一定是有益无害的。它不仅可以让 CEO 更能了解企业经营中需要面对的现实问题，还能在降低风险的同时取得最大的收益。

2 企业预算管理的原则和目标

预算是企业资源配置的工具和表现形式，也是资源配置的过程和操作。实施全面预算管理是企业规范化管理的表现之一。当然，预算管理不是一个随性而起的行为，它需要 CEO 根据一定的原则和方法进行编制，导向自己所追求的目标。

（1）企业预算管理的原则

CEO 在进行预算管理时要遵从整体目标，让预算更符合规范，也更具有实际意义。具体来说，企业预算管理的原则主要表现在图 3-1 所示的几个方面。

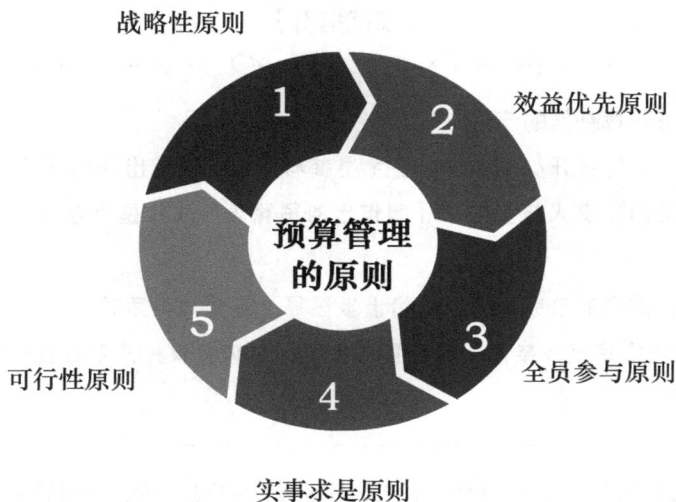

图 3-1　预算管理的 5 个原则

第一，战略性原则。

战略性原则是企业预算管理的重要原则，预算管理要遵从企业的发展战略，服从企业的中长期战略发展目标，符合企业总体的经营方针。如果企业的预算管理不服从企业的战略计划，那么这个预算就是空洞的、没有方向的。预算管理要将企业的战略目标和中长期目标结合起来，围绕企业的最终目标来制定，只有这样，预算管理才更具有实际效果。

第二，效益优先原则。

企业做预算管理的第二个原则是效益优先原则。预算管理要服从于企业价值最大化的目标，这也是企业做预算的目的之一。企业的 CEO 在做预算的时候，要以价值为导向，围绕企业的经济价值和发展价值考虑，既要兼顾利益，又要考虑风险，合理配置资源，让预算遵从效益优先原则。

第三，全员参与原则。

企业预算管理不能一味地只是由 CEO 一个人做决定。预算管理涉及各个部门的各个环节，需要全员参与其中，采取上下结合、分级编制和逐级汇总的程序进行，只有这样，才能做到更加完善。

【实战指引】

全员参与预算制作的流程

第一，各部门召开员工会议，在全员参与的情况下做出部门预算。

第二，部门负责人核查和审计制作出的预算表，确认是否存在遗漏和失真的地方。

第三，各部门汇总完毕后上交给上级领导，逐级递交审核。

第四，CEO 审核完毕后，联合董事会召开总体会议，并就最终的预算报表进行分析和核对。

需要强调的是，因为预算管理涉及很多专业知识，必要的时候 CEO 可聆听相关专业人士的想法和分析。

第四，实事求是原则。

企业预算管理要坚持实事求是原则，各个部门要根据部门的实际情况，对预算编制过程中的收入、成本和费用等，采取稳健保守的原则进行预估。

【实战指引】

如何做到实事求是？

第一，数据要实事求是，不能为了控制预算而不基于事实地填写数据。

不少企业人员在做预算时，一味地追求低预算，于是对成本和费用等数据的预估都过于保守，但这样的预算管理并不能有效地代表企业实际经营情况和对未来的估算。

第二，思想要实事求是，不能欺瞒。

不少财务人员在编制预算表时，为了让预算表看起来更符合上级的心意，对预算表中的数据常常进行美化，导致预算表数据脱离企业的实际情况。

第五，可行性原则。

企业的预算管理要具有可行性，各个项目的标准和要求要量化。这就要求各个部门在做预算时，能够将每一栏的项目用数据的方式表现出来。具体来说，可行性原则表现在要对预算进行数字化、表格化、明细化处理，使 CEO 能够从预算表中看出各个部门、各个环节的具体方向和要求。

总体说来，CEO 要本着实事求是，务实科学、谨慎的原则，遵循董事会和企业的发展战略和经济目标，坚持预算科目和决算科目保持高度一致的原则以及预算管理的一贯性原则，做好企业预算管理工作。

（2）企业预算管理的目标

一般来说，企业预算管理的目标是通过预算管理实现企业管理的计划性和有序性，有效且合理地控制各个方面的支出和成本，帮助 CEO 厘清纷繁复杂和不确定的经营情况，同时为企业各级管理者提供财务管理工具。

具体来说，企业预算管理的目标表现在帮助 CEO 与相关财务人员建立完善的绩效考核与薪酬激励系统，合理配置企业资金的同时把控风险，以进一步提升企业的绩效水平，以及根据当前情况和可利用资源，不断地开发产品价值，拓展新渠道或新领域，调动可利用的人力、物力、财力和资源等，取得最大的经济效益上。

随着企业的发展，企业预算管理的目标也呈现多样性。这就要求企业预算管理的目标可以为某个具体的经营目标服务，如利用预算管理达到开源节流的目标，力求加强对费用支出的控制，有效地降低企业的运营成本。虽然目标各有侧重，但总体目标基本不变。

企业在进行预算管理时既要考虑企业的长久发展规划和利益，也要兼顾企业当期的发展情况和近期发展目标，但其原则和目标都是促进企业更好地发展。所以，CEO 要根据预算目标做好规划，明确预算主体的努力方向和预期结果。同时，CEO 还要根据预算报告中所反映出来的问题进行有针对性的分析，并采取必要的措施，加以改进。这也是企业预算管理的重要目标之一。

总之，企业在进行预算管理时要遵循一定的原则，基于一定的目标，确保预算管理符合企业的实际情况。这样的预算管理才更有意义。

3 如何建立适合企业自身的预算管理体系

预算管理在企业战略规划中发挥着重要作用。一方面有助于企业明确战略目标，分析评估发展中的各个重点环节，更加准确地掌握市场的最新情况，进而相应地调整战略目标；另一方面有助于企业更有效地配置资源，提高资源的利用价值，以更有性价比的方式实现战略目标。

同时，预算管理还能有效地帮助企业降低运营风险。CEO 可以通过预算管理及时了解企业在运营中可能遇到的各种问题，即通过预算管理的监测和评估功能，有效降低企业内外部的风险。

然而，很多 CEO 在进行预算管理时常常流于形式，习惯性地借鉴大企业或同类型企业的预算管理模式。每个企业都有自身的特点，直接生搬硬套反而使得各个环节都格格不入，很难发挥出预算管理的真正作用。同时，预算管理体系建设过程中，员工参与度不高，导致预算管理方案很难取得全员的共识。此外，还存在预算编制方案与企业现实情况联系不紧密等情况。这些都使企业预算管理难以体现真正的价值。

因此，CEO 一定要想清楚，如何建立适合企业自身的预算管理体系？

通常情况下，企业预算管理体系包括预算组织、预算制度、预算方法、预算程序、预算报表体系、预算考核体系等多个组成部分。预算程序又可分为预算编制、预算目标下达、预算执行与控制、预算信息反馈、预算调整和预算考核等环节。

我们这里重点强调的是要建立符合企业自身的预算体系。为此，CEO 在建立预算体系时，要注意图 3-2 所示的几点。

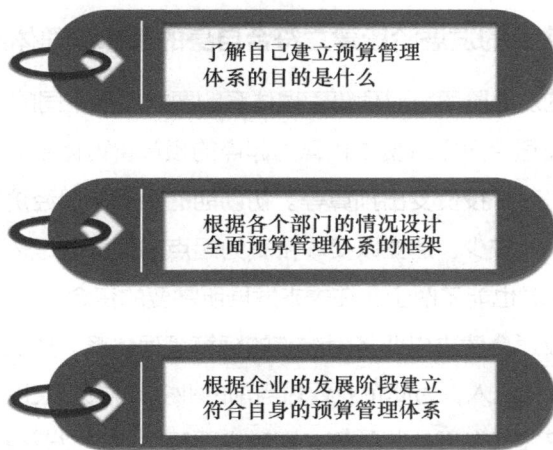

图 3-2　建立适合企业自身的预算管理体系的 3 点注意事项

（1）了解自己建立预算管理体系的目的是什么

目的不同，建立的预算管理体系导向的方向也会不同。

例如，CEO 要想通过预算管理实现对风险的防控，此时预算管理体系的重点是风险防控。其具体的措施就与以实现开源节流为目标的预算管理措施有所区别。

需要强调的是，企业建立预算管理体系时，不能偏离自己在该时期的战略规划和经营目标。这也是判断企业建立的预算管理体系是否符合自身情况的重要依据。

（2）根据各个部门的情况设计全面预算管理体系的框架

每个企业的部门和工作内容都会不同。这就要求企业在建立适合自身的预算管理体系时要因地制宜，根据各个部门的情况设计全面预算管理体系的框架。具体来说，CEO 要根据市场环境和内部情况制订企业战略，将大的战略目标细化为具体目标和考核指标，并明确为实现战略目标和考核指标必须执行的措施，最后针对措施编制预算并执行，在执行的过程中进行跟踪、控制和调整，不断完善。

（3）根据企业的发展阶段建立符合自身的预算管理体系

企业在不同的发展阶段，对预算管理体系的要求也是不同的。

初创期的企业适合建立以资本预算为起点的预算管理体系。资本预算包括固定资产支出预算、对外投资支出预算等。初创期的企业一般经济实力较弱，各方面支出较大，而收入较少。建立以资本预算为起点的预算管理体系有助于企业降低未知的风险，同时也能了解企业在未来发展所需要的资金。

成长期的企业适合建立以业务为起点的预算管理体系。成长期的企业要不断扩大业务，提高营业收入，为此企业要对当前的业务扩展的支出和收入进行预算，了解现阶段和未来业务发展的收益等，同时也要预估此种业务模式所存在的风险和需要调整的内容。

成熟期的企业适合建立以成本控制为起点的预算管理体系。进入成熟期的企业各方面已经趋向稳定，且市场占有率呈现最大化并趋向饱和，企业也能了解自己在市场的预期收益，即企业能以市场价格为已知变量来规划企业总预算成本。此时企业主要进行的是成本预算管理。以降低成本为导向，才是企业在此阶段应追求的预算管理目标。

衰退期的企业适合建立以现金流为起点的预算管理体系。此时企业发展已经进入疲态，市场收益也大为下降，企业预算的主要目的就是要监控企业的现金流，以降低企业的损失和风险。

值得一提的是，如果企业的规模较大，为了降低预算管理的风险，可先进行试点，然后根据试点的效果对预算管理体系进行修正，然后再在更大范围内实施。

总之，企业要根据自己发展的阶段和规模选择适合该时期的预算管理体系，而不是生搬硬套其他企业的预算管理体系。企业要充分根据不同发展阶段的工作重点和面临的主要问题确定自己的预算管理重点，同时该预算管理重点要与企业当时的战略目标和经营目标一致。这样的预算管理体系不仅能够有效地解决问题，而且更符合企业发展的要求。

4 企业预算的核心指标和计算公式

预算指标是由财务部门拟定的，经上级批准下达后，作为企业编制下一年度预算的主要依据。

因此，CEO要想做好企业预算管理，就要了解企业预算的核心指标和计算公式。

企业预算的核心指标是依据企业战略和发展规划制定的年度量化目标，各个部门的预算年度工作计划必须为完成核心指标而努力。预算体系中的核心指标分为**静态指标**和**动态指标**。

（1）静态指标及其计算公式

静态指标包括财务指标和管理指标两大类。

财务指标包括销售额、资本回收额、利润总额、销售利润和呆账率5个指标。

销售额。根据《中华人民共和国增值税暂行条例》第六条的规定，销售额为纳税人销售货物或者应税劳务向购买方收取的全部价款和价外费用，但是不包括收取的销项税额。

【实战指引】

销售额的计算公式

销售额 = 销售量 × 平均销售价格

含税的销售额 = 销售额 × （1+ 税率）

企业可预估年度、季度、月度销售额，进一步计算销售额达到何种程度，企业才会获得利润。

资本回收额。 资本回收额是指在给定的年限内等额回收或清偿初始投入的资本或所欠的债务。这里的等额款项为年资本回收额。

【实战指引】

年资本回收额的计算公式

$A=P \div (P/A, i, n)$（其中，A 是年资本回收额；P 是年金现值；i 是折现率；n 是折现年限。）

利润总额。 利润总额是指企业在一定时期内通过生产经营活动实现的最终财务成果，是衡量企业经营业绩的重要指标。

【实战指引】

利润总额的计算公式

利润总额 = 营业利润 + 营业外收入 − 营业外支出

销售利润。 销售利润是企业在其全部销售业务中实现的利润。

【实战指引】

销售利润的计算公式

销售利润 = 主营业务收入 − 主营业务成本 + 其他业务收入 − 其他业务成本 − 销售费用 − 管理费用 − 财务费用 − 税金及附加 − 资产减值损失 + 公允价值变动收益 − 公允价值变动损失 + 投资收益 − 投资损失

呆账率。 呆账率也被称为坏账率，即企业收不回来的钱与实际销售额的比率。

预算呆账率也是预算管理中重要的一个环节。

【实战指引】

呆账率的计算公式

呆账率 = 呆账总额 ÷ 销售额 × 100%

管理指标包括费用额和费用利润率两个指标。

成本费用总额。 成本费用总额即总成本。

【实战指引】

成本费用总额的计算公式

成本费用总额 = 营业成本 + 税金及附加 + 销售费用 + 管理费用 + 财务费用

费用利润率。 费用利润率是企业某个期间的利润总额与成本费用总额的比率。

【实战指引】

费用利润率的计算公式

费用利润率 = 利润总额 ÷ 成本费用总额 × 100%

（2）动态指标及其计算公式

动态指标是考虑了货币资金的时间价值因素而计算的指标，主要包括投资回收期（动态）、净现值、净现值率等。

投资回收期（Pt）。 投资回收期是指投资项目投产后获得的收益总额达到该投资项目投入的投资总额所需要的时间（年限）。

【实战指引】

投资回收期的计算公式

投资回收期 = 累计净现金流量开始出现正值的年份数 −1+ 上一年累计净现金流量的绝对值 ÷ 出现正值年份的净现金流量

投资回收期与资本周转速度是呈反比的。一般资金的周转速度越快，回收期就越短，风险就越小，盈利也就越好。

净现值。净现值指未来资金流入现值与未来资金流出现值的差额。

【实战指引】

净现值的计算公式

$NPV = \sum (CI-CO) \div (1+i)^t$（其中 CI 指现金流入，CO 指现金流出，$(CI-CO)$ 是第 t 年净现金流量，i 是基准收益率。）

净现值计算方法考虑了资金的时间价值和投资风险。企业可根据净现值的数值了解企业投资可接受的最低范围是多少。

净现值率。净现值率是指项目净现值与原始投资现值的比率，又称"净现值总额"，它用来衡量不同投资方案的获利能力大小。一般来说，净现值率与单位投资收益呈正比，即净现值率越小，单位投资的收益就越低，反之亦然。企业可根据净现值率了解企业投资项目的质量如何，盈利能力如何。

企业在编制预算时，要参考核心指标和计算公式，以确保预算表更为科学、系统，为企业经营决策提供更完善的参考和依据。

5 如何编制预算表

　　预算表是预算管理的重要工具。通过编制预算表，CEO 和相关人员可以知晓部门业务、项目和工程的进度，从而为定期分析、加强控制提供依据。预算表包括预算汇总表和多个附表，它是一系列表格的统称。其中，附表包括销售预算表、生产预算表、财务预算表、制造费用预算表、直接材料预算表、直接人工预算表、产品成本预算表、销售及管理费用预算表等。

　　相关财务人员在编制预算表时，一般要遵循图 3-3 所示的 6 个步骤。

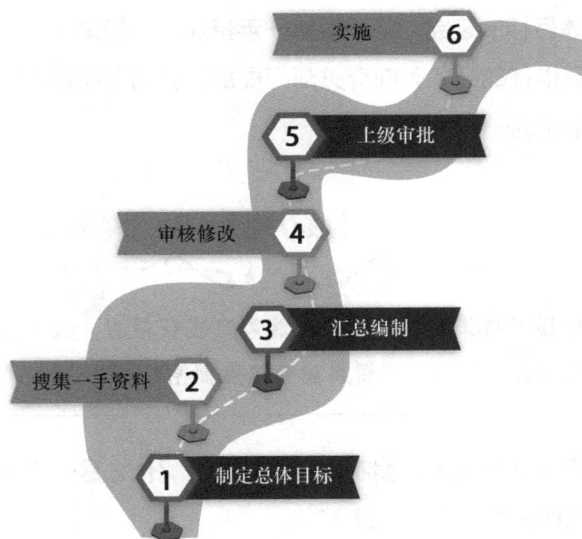

图 3-3　编制预算表的 6 个步骤

（1）制定总体目标

　　企业在编制预算表之前，要考虑自身的长远规划，并有效地利用各种战略分析工具，为企业将来的发展提供明确的方向。同时，在进行财务预算编制之前要系统地搜集、整理企业内部及外部的历史资料，全面掌握企业过去和当前的经营状况、财务状况，以及未来的发展趋势。

制定企业的总体目标非常重要。如果把编制预算表比作在大海上航行，那么总体目标就是灯塔和终点。如果不确定灯塔和终点，那么企业的预算编制过程就像是在茫茫大海上无序航行，没有方向和目标。

总之，为了避免预算编制的盲目性，企业的高层管理者必须从企业的整体利益出发，先制定企业的总体目标，再确定预算编制的方针，并以此作为规范预算编制行为的指南，使各个职能部门编制的预算既符合企业的总体目标也符合自身的实际情况。

（2）搜集一手资料

企业的总体目标制定完，就要搜集一手资料。一般来说，由最基层的成本控制人员根据自己以往的经验，向有关部门提供的较为可靠且符合实际的初步成本预算就是预算编制的一手资料。

【核心要点】

一手资料是通过搜集整理和直接经验等方式获得的，该资料的持有人一般是最先接触该资料的人，而且一手资料具有高度保密性。

下面，我们以销售预算表编制为例，具体了解什么是一手资料、一手资料的内容有什么、由谁提供一手资料等问题。

销售预算是整个预算编制的起点，其他各种预算基本都是在销售预算的基础上进行编制的。销售部门首先要根据市场中相关因素和产品的历史销售情况预测出企业未来给定的年限中的销售单价和销售量，而销售收入的预算则是销售单价和销售量相乘获得的。销售部门在编制销售收入预算表时，要做好各项业务的收入统计和计算，做到不遗漏、不忽视。

根据销售预算表编制的流程可以看出，预算表编制的一手资料由销售部门提供，而一手资料的内容包括销售部门的日常开支、专项开支、出差开支、业务招待开支、市场推广开支、售后服务开支等。财务人员根据这些一手资料可编制销售预算表。

所以，在编制预算表过程中，无论是 CEO 还是财务人员都必须非常重视一手资料的搜集，并对需要提供一手资料的相关人员提出具体的要求，以确保一手资料的真实性、全面性。

（3）汇总编制

在收到各个部门提供的一手资料后，预算表的编制人员就要立即汇总各个部门的初步预算，与各个部门沟通协调后，编制企业整体的销售、生产以及财务等预算。

需要注意的是，在汇总编制的过程中，遇到有疑问的地方，编制人员要积极、及时地与提供资料的人员进行沟通。在沟通的过程中，编制人员要关注资料提供方的建议和想法，而不能直接按照自己的理解或判断进行修改。

（4）审核修改

各项预算编制完成后，预算委员会要对这些预算表进行审查，并不断地修改各项预算，然后在此基础上汇总出企业的总预算表。

【实战指引】

审核修改预算表的 3 个注意事项

第一，查看各个报表是否齐全，各个项目是否穷尽，数据是否正确。

第二，了解预算表中项目的适用范围，查看是否存在重叠、交叉等现象。

第三，预算表中的项目是否能够完整地体现出该部门的重点。

（5）上级审批

总预算编制完成后，预算委员会要把预算表上交给 CEO 进行审批。CEO 在审批通过后，还应上交给董事会或上级主管单位审批。当相关人员将总预算表交给上级审批时，并不意味着编制预算表的任务就此结束了。相关人员还需要做好后续的对接工作，及时接受上级的意见。同时，在面对上级的问询时，做出相应的解释。

（6）实施

董事会或上级主管单位审批通过后，预算表应及时下达给各个部门，以便各个部门执行。

总之，企业在编制预算表时，要尽可能遵循预算制作的 6 个步骤，细致严谨，确保编制出的预算表更具有现实意义和价值。

6 企业预算的科目及其计算方法

企业预算科目是企业对未来需要完成的经济事项的具体内容进行分类核算和管理的项目。常见的预算科目包括销售收入、工资福利费用、车辆使用费用、教育经费、办公费、水电费、通信费用、固定资产购置费用、业务费用、差旅费用等。

企业全面预算的主要科目共分为八大类：销售预算、生产预算、直接材料预算和直接人工预算、财务费用预算、制造费用预算、产品成本预算、销售费用预算和管理费用预算等。

（1）销售预算

销售预算是企业根据对市场的预测分析，确定企业在预算期内预计的销售品种、可能实现的销售量、销售收入、销售单价、销售折让等指标的预算。它的计算方法我们在上一节也有所提及，即根据市场中相关因素和产品的历史销售情况预测企业未来给定的年限中的销售单价和销售量，而销售收入的预算则由销售单价和销售量相乘获得。

（2）生产预算

生产预算的主要内容包括销售量、生产量、期初和期末存货量等。其中销售量可以从销售预算中获得，期末存货可根据下一季度销售量的一定百分比进行确定，期初存货通常为上一季度的期末存货，而生产量则是销售量与期末存货量之和减去期初存货量。

（3）直接材料预算和直接人工预算

直接材料预算主要包括单位产品的材料消耗量、生产量、预算期间的期初和期末存料量、直接材料的单价、材料采购量等。直接材料预算是对预算期内直接材料的需求量和采购量进行的预算。

直接人工预算是对预算期内人工工时的消耗和人工成本进行的预算，它的主要内容包括生产量、单位产品工时、人工总工时、每小时人工成本和人工总成本。

（4）财务费用预算

财务费用预算是对预期内企业筹集生产经营而发生的费用进行的预算。此费用预算的内容涉及企业当前的信贷规模，因此要先进行信贷预算和专门决策预算，在此基础上再进行财务费用预算。

【实战指引】

财务费用预算的计算公式

财务费用预算 ＝ ∑ 每次借款额 × 每次借款期限 × 每次借款利率 － 4 × 每季度平均银行存款累积计息积数 × 存款利率

（5）制造费用预算

制造费用预算包括企业生产部门发生的水电费、固定资产折旧、无形资产摊销、管理人员的职工薪酬、劳动保护费、国家规定的有关环保费用、季节性和修理期间的停工损失等。

（6）产品成本预算

产品成本预算的科目主要有直接材料、直接人工、变动制造费用和固定制造费用等。

【实战指引】

产品成本预算的计算公式

某种产品某期预计发生的产品生产成本＝该产品该期预计耗用的全部直接材料成本＋该产品该期预计耗用的直接人工成本＋该产品该期预计耗用的变动性制造费用

（7）销售费用预算

销售费用预算是对实现销售目标所需支付的费用进行的预算，它的科目包括销售人员工资、福利费、运输费、装卸费、保险费、包装费、广告费、商品维修费、质量"三包"费、业务费、折旧费等。

（8）管理费用预算

管理费用预算包括固定管理费用预算和变动管理费用预算。其中，固定管理费用是指管理人员无法控制的、必须要发生的管理费用，如无形资产摊销、折旧费、保险费、行政收费和税费等；变动管理费用包括业务招待费、差旅费、通信费、会务费、办公车辆使用费等。

CEO 与相关财务人员在制定预算表时，要参照企业预算的科目与计算方法，以便完整地核算预算项目，不发生遗漏。

7 销售及其他业务预算编制方法

销售预算是与预算期内的销售价格、销售收入和销售数量等有关的预算。它是编制全面预算的关键和起点，其他预算均以销售预算为基础。销售预算是在销售预测的基础上，根据企业年度目标利润确定的销售量和销售额来进行编制的。

（1）销售预算的内容

销售预算的目的是明确销售收入、销售成本、销售费用及应收账款之间的关系。企业要在一定范围内估计销售成本或销售收入，编制销售成本及销售费用预算，要以不超出该范围为原则。一般说来，销售预算包括销售人员的费用（如销售员的工资、提成、交通费等）、销售管理的费用（如销售经理的工资、提成、津贴等）、其他销售费用和通信、交通费用等。

销售收入预算

有了企业综合销售收入目标值与销售分配的内容，即可完成销售收入预算。

【实战指引】

销售收入预算的计算公式

销售收入净额 = 销售收入 − 销售退回与折让

销售成本预算 = 销售数量 × 每单位产品的制造成本（或每单位商品的购货成本）

销售毛利预算 = 销售收入预算 − 销售成本预算

在确定销售毛利预算之前，销售部门需要核对销售毛利是否能抵偿企业支出的一切费用。销售毛利率是企业获利的基础，单位收入的毛利越高，抵偿各项期间费用的能力就越强。因为企业利润＝各项收入－总支出（包括销售成本、各项费用、营业外支出等）；而销售毛利＝销售收入－销售成本。如果销售毛利不能抵偿企业支出的一切费用，则说明企业现阶段还是在亏本经营，尚未实现盈利。

销售费用预算

营销中心在营销总监的指导下，依据年度销售任务，对市场推广费用、销售佣金、管理酬金、日常销售管理费用等项目进行谨慎且合理的估算。费用估算表一般参照企业提供的销售费用预算表编制。

应收账款预算

应收账款预算是指当销售预算编制完成后，计划期内销售收入即已确定，进一步即可编制的应收账款的预算。没有应收账款，就没有销售。即使企业有了销售收入，但是如果没有回收等额的资金，企业的经营仍然无法运转。应收账款预算是经营预算的组成部分，也是财务管理工作的日常内容，更是彰显企业管理水平的标尺。

（2）常见的销售及其他业务预算编制方法

常见的销售及其他业务预算编制方法有以下几种。

销售百分比法。用这种方法确定销售预算时，较常用的做法是用上年的费用与销售百分比，结合预算年度的预测销售量来确定销售预算。

另一种做法是把最近几年的费用的销售百分比进行加权平均，将其结果作为预算年度的销售预算。但是这种预算方法存在一定的局限性。一是它忽略了企业的长期目标，不利于开拓新的市场，比较适合销售市场比较成熟的企业。二是这种方法不利于企业吸纳新的销售人才和培养对企业具有长期意义的人。但吸引、招聘有发展潜力的销售人员和有经验的销售人员又对企业的长久发展有着重要作用，而使用这种方法的 CEO 或销售经理常常忽视这一点。

同等竞争法。使用同等竞争法有一个非常重要的前提条件，即企业对同类型竞争对手要有充分的了解，了解有关竞争对手的销售费用、生产费用等可靠信息。

销售费用总额的计算公式

销售费用总额 = 主要竞争对手的销售费用 ÷ 主要竞争对手的市场占有率 ×本企业预期的市场占有率

零基预算法。它的全称是"以零为基础的编制计划和预算方法"。它的基本原理是对于任何一个预算期，任何一项开支费用，完全不考虑基期的费用开支水平，一切从实际出发，并结合企业的财力状况，逐项审议预算年度内各项目费用的内容及其开支情况、合理性以及开支数额的大小，从而确定各项费用开支的预算数额。

这种预算编制方法的优势在于能有效提升职工的"投入—产出"的意识，提高工作质量和效率。同时，它还能合理地分配企业的资金，并提高企业预算管理水平。它的缺点是预算编制的工作量较大，成本也较高。同时，其准确性与企业管理水平关联较大。尤其在涉及分层、排序和资金分配时，容易引起部间的矛盾。

总之，销售及其他业务预算是预算管理的重要内容，预算编制可以使销售目标、销售定额更加清晰化和明确化，能够促进各职能部门间的协调合作，进而帮助企业实现更好的发展。

8 预算执行的跟踪与控制

预算编制完成之后就要按照预算表执行。预算执行是否到位会直接影响企业下一年度的工作开展，甚至是企业目标的实现。在实际工作中，虽然不少 CEO 带领企业内部员工做好了预算工作，但是因为对预算执行疏于跟踪和控制，使预算管理没有发挥全部的作用。

因此，在预算执行阶段，CEO 一定要做好预算执行的跟踪与控制工作，对不合适的预算要进行及时调整，以保证预算在规范的范围内有效执行，真正发挥出预算管理的作用。

下面，从跟踪预算执行和控制预算执行两个角度，展开具体的分析。

（1）跟踪

跟踪是预算执行过程中不可缺少的环节。在预算执行期间，CEO 要组织相关人员做好预算跟踪工作。需要强调的是，跟踪的目的绝不是监视下属的工作，也不是对下属的工作进行严厉控制，而是帮助下属解决在预算执行的过程中所遇到的困难，进而使其工作一直在正确的轨道里运行。

【 实战指引 】

预算跟踪的 3 项重要工作

一是相关人员要定期检查预算的执行情况，以月为周期检查各项费用是否在预期的范围内执行。

二是发现预算执行过程中的偏差。

三是建立沟通渠道，为下一步控制建立空间。

在跟踪过程中，CEO 应遵循预算执行跟踪的五大原则，如图 3-4 所示。

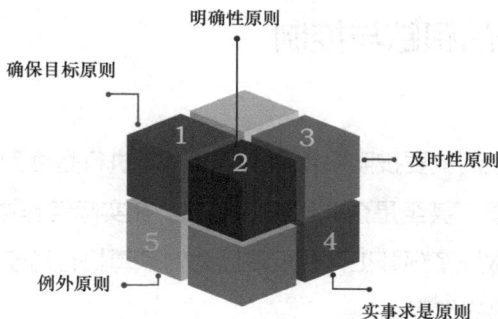

图 3-4　预算执行跟踪的五大原则

确保目标原则： 了解下属的工作是否以预算目标为导向，是否贯彻了预算目标。

明确性原则： 明确具体的预算工作是什么，以及进行的时间和注意事项，让下属能清楚地执行工作。

及时性原则： 具体表现在跟踪要及时进行，及早发现问题并及时提出问题，防止问题变得复杂或进一步恶化。

实事求是原则： 具体表现在两点。一是对事不对人，即在跟踪过程中，相关跟踪人员不要带着"有色眼镜"看待下属，进而区别对待，如包庇自己喜欢的下属而打压自己不喜欢的下属。二是跟踪要落地，不要讲一些空泛的、对工作并无实际指导意义的话语。

例外原则： 指在预算执行过程中，可能会发生一些不可控的例外事件，如市场变化、相关政策的改变、重大自然灾害和意外损失等，在跟踪时也要对这些特殊情况做特殊处理。受到这些因素影响后，相关人员要及时进行调整。

以上五大原则能够有效帮助 CEO 在预算执行的跟踪过程中明确方向，做到有章可循，使预算跟踪不脱轨，发挥出其真正的作用。

（2）控制

跟踪的目的是让预算更好地执行，比较绝对差异和相对差异，找出预算差异的形成原因，以便进一步执行和控制。预算控制是预算管理的核心步骤，是控制并落实全面预算、保证全面预算实现的有效措施。它的实施效果最终决定着预算管理所发挥的作用。因此，预算编制完成之后，CEO 要让预算目标成为企业全体的行动目标，执行过程必须以预算为标准，实行严格的控制。

【实战指引】

预算执行控制的 3 项重要工作

一是当跟踪人员发现预算执行偏离预算目标时，要及时查明产生偏差的原因，确定纠偏的对象，选择适当的纠偏措施，必要的时候可以优化预算方案。

二是在预算执行过程中，对于超出预期额度的预算，业务部门需要制订申请计划，并在计划中注明缘由，提交给上级领导审核。等上级领导审核通过后，再执行新计划。

三是在控制的过程中，相关人员要秉持重要预算项目调整应与预算编制的工作流程相一致的原则；不重要的预算项目调整应秉持"成本和效益比较"的原则等，让预算调整朝着保障工作推进、保证企业效益的方向发展。

总之，在预算执行的过程中要做好跟踪与控制工作，让预算管理落到实处，发挥出真正的作用。

第四章

降本增效：
从管理角度重新认识成本

经济学界有一句话：每砍掉一分钱，企业就增加一分利；每消除一项成本浪费，企业就增加一分利润。CEO 要从管理角度重新认识成本，实施全面的降本增效，以提升企业的经济效益。

1 如何从管理角度认识成本

企业从事经营生产活动要耗费一定的资源，而这部分资源以货币形式呈现出来就是我们常说的成本。不少企业的 CEO 一说到成本就叫苦不迭，有着诸多抱怨。具体来说，我们可以简单地将成本称为"耗钱"。

成本是指企业在生产经营过程中发生的各种花费或支出，是衡量企业经营水平和经济效益的一个重要指标。

根据经济学对成本的理解，尤其是在财务会计师眼中，成本一般分为直接成本和间接成本。其中直接成本指生产过程中直接产生的各项费用；间接成本指与生产过程不直接发生关系，而是服务于生产过程的各项费用。

成本管理是企业在生产经营中对各种与成本有关的活动的统称，包括成本预算、成本核算和成本控制等，意在通过这些活动达到降低企业成本，提高企业经济效益的目的，即降本增效。

对企业来说，降本增效是一件非常重要的事情。从管理角度来看，降本增效不仅体现了企业管理水平的提高，还能有效地提升企业的经济效益。

被誉为"竞争战略之父"的美国哈佛商学院教授迈克尔·波特（Michael E. Porter）于 1980 年在其出版的《竞争战略》（*Competitive Strategy*）一书中提出了 3 种卓有成效的竞争战略，分别是总成本领先战略、差别化战略和专一化战略，如图 4-1 所示。这 3 种战略能够从管理的角度帮助 CEO 认识成本。

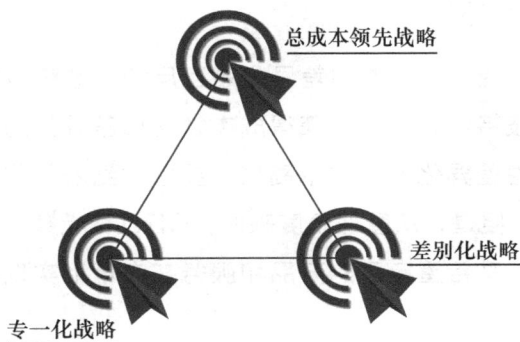

图 4-1　3 种竞争策略

（1）总成本领先战略

总成本领先战略也被称为低成本战略，是指通过有效途径使总成本降低，以建立一种不败的竞争优势。它是 CEO 希望企业能够追求低成本，确保总成本低于竞争对手的总成本的一种竞争策略。为了能够达到目的，企业紧抓成本并控制管理费用的支出，在研发、生产、促销、广告、服务等环节严控费用支出，甚至减少每一张纸的浪费。

当企业建立总成本领先战略时，CEO 就要在企业内部建立全员降低成本的意识。因为企业的每一个部门，部门内的每一位员工都既是成本的控制者，又是利益的创造者。成本竞争不仅仅是 CEO 和管理层的事情，也是企业内所有员工的职责。所以从管理的角度，CEO 在企业树立全员成本观念也是非常重要的。

具体来说，CEO 就是要全力培养员工的成本意识，引导员工从管理者的角度去思考问题，如钱要怎么用才能体现最大价值？方案如何调整才能既能实现目标，又能降低成本？要让员工在日常工作中养成控制成本的意识，并在自己的工作岗位上切实把控成本，为企业创造更多的利润。

（2）差别化战略

从某种程度上说，低成本和差异化是互斥的。这在波特教授的观点中也得到了印证。波特认为，同时获得成本领先和差异化的竞争地位通常是互相抵触的，因为差异化通常成本高昂。要想做到差异化并获得优势，企业必须抬高成本。但是，从管理角度来说，CEO 既希望自己的产品以低廉的价格生产出来，又希望自己的产品和服务在市场上实现差异化而显出竞争优势。

当产品以差异化在市场上取胜之后，就能有效地增强客户黏性和忠诚度。客户对企业的产品或服务有了黏性和忠诚度之后，企业就不仅可以取得经济收益，还能有效地降低成本。

如果用一个比喻形容低成本竞争战略和差异化竞争战略，就是对一家企业来说，与其损耗"元气"跟速度极快的企业赛跑，还不如自己去创造一条新的跑道，即根据自身当前所拥有的资源和经营业务的特色，去挖掘未知的市场空间，同时也通过避免激烈的竞争而极大地降低企业"元气"的耗损。

（3）专一化战略

与总成本领先战略和差异化战略不同的是，专一化战略是主攻某一特殊的客户群、某一产品线的细分区段、某一地区市场的战略。专一化战略的主要优势在于以更高的专业化程度构成强于竞争对手。

波特认为，采用专一化战略的结果是，企业要么可以通过满足特定群体的需求而实现差异化，要么在为特定群体提供服务时降低成本或二者兼得。

当企业专注于某个领域时，也就省去了探索其他领域所花费的时间、精力，能够让企业全体全身心地投入所选定的领域中，降低成本。术业专攻，更容易出结果。但是与此同时，企业也丧失了在其他领域获得收益的机会。

总之，从管理的角度认识成本，要求 CEO 学会用管理学思维去看待成本的产生和管控。CEO 一方面要从企业战略的角度出发，学会控制企业各项成本的支出；另一方面作为一个企业的经营者和管理者，也要学会从全局的角度认识到如何用管理的方法让企业真正地从根源上达到降本增效的目的。

2 成本管控的基础知识

"高品质，低成本"是每个企业梦寐以求的发展目标。在某种程度上，高品质与低成本是矛盾的，但两者之间的矛盾不是难以调和的，其中的关键就看成本管控。成本管控既是所有企业都会面临的一项工作，又是企业管理的一项重要工作。

要想做好成本管控，CEO 一定要深度掌握 3 个知识点：企业成本结构、量本利分析与保本点。

（1）企业成本结构

一般来说，企业的成本结构分为两大部分，即生产成本和销售成本，如图 4-2 所示。

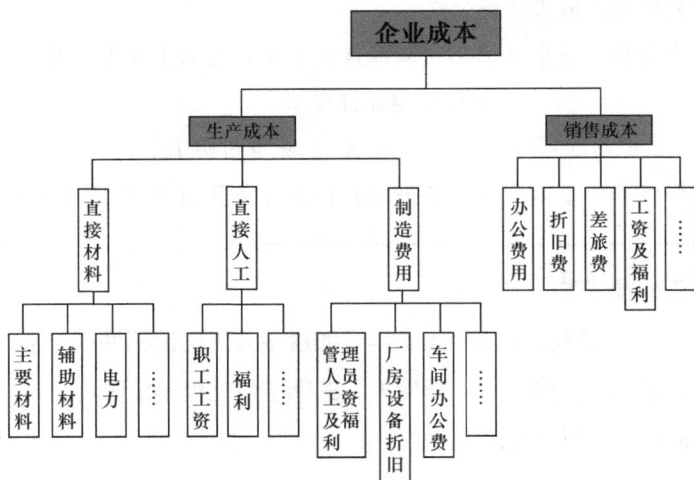

图 4-2　企业成本的结构

生产成本包括直接材料、直接人工和制造费用。其中，直接材料是指企业生产产品过程中产生的主要材料、辅助材料、电力等成本；直接人工是指直接参与生产该产品的职工工资及福利等成本；制造费用是指生产经营该产品所产生的管理人员工资及福利、厂房设备折旧、车间办公费等。

销售成本是指企业销售该产品所产生的费用，包括办公费用、折旧费、差旅费、工资及福利等。

了解企业成本的结构之后，再来了解几个与成本相关的基本公式。

单位产品的标准成本

一般来说，产品成本是由直接材料、直接人工和制造费用 3 个项目组成的。无论确定哪一个项目的标准成本，都需要分别确定其标准用量和标准价格，这两者的乘积是每一个成本项目的标准成本，将各项目标准成本汇总，即得到单位产品的标准成本。

【实战指引】

单位产品的标准成本计算公式

单位产品的标准成本 = 直接材料标准成本 + 直接人工标准成本 +
制造费用标准成本

= ∑（标准用量 × 标准价格）

直接材料标准成本 = ∑（单位产品材料标准用量 × 材料标准价格）

直接人工标准成本

直接人工标准成本是由直接人工用量和直接人工的价格两项标准决定的。人工用量标准就是工时用量标准。直接人工的标准价格就是工资率标准，是由标准工资总额与标准总工时的商来确定的。

【实战指引】

直接人工标准成本计算公式

直接人工标准成本 = 工时用量标准 × 标准工资率

标准工资率 = 标准工资总额 ÷ 标准总工时

制造费用标准成本

制造费用标准成本是工时用量标准和制造费用价格标准两项因素决定的。

制造费用价格标准即制造费用分配率标准。

【实战指引】

制造费用标准成本计算公式

制造费用标准成本 = 工时用量标准 × 制造费用分配率标准

直接材料成本差异

直接材料成本差异是指直接材料的实际产量下实际成本与实际产量下标准成本的差异。

【实战指引】

直接材料成本差异计算公式

直接材料成本差异 = 实际产量下实际成本 − 实际产量下标准成本

　　　　　　　　　 = 实际用量 × 实际价格 − 实际产量下标准用量 × 标准价格

　　　　　　　　　 = 直接材料用量差异 + 直接材料价格差异

直接人工成本差异

直接人工成本差异是指企业实际总成本与实际产量下标准成本的差异。它可分为人工工资率差异和直接人工效率差异两部分。

【实战指引】

直接人工成本差异计算公式

直接人工成本差异 = 实际总成本 − 实际产量下标准成本

= 实际工时 × 实际工资率 − 实际产量下标准工时 × 标准工资率

（2）量本利思维的量本利分析

要做好成本管控，CEO 必须了解量本利思维，它也叫保本点思维或本量利思维。量本利思维告诉 CEO 产品卖多少钱才能保本、不赔钱，指导企业以最小的成本生产最多的产品并使企业获得最大的利润。

CEO 除了要了解量本利思维外，还要做好量本利分析。量本利分析也被称为"盈亏分析"，是"成本—业务量—利润关系分析"的简称，是指在变动成本计算模式的基础上，以数学化的会计模型与图示来揭示固定成本、变动成本、销售量、单价、销售额和利润等变量之间的内在规律性联系，为会计预测、决策和规划提供必要的财务信息的一种分析方法。

【实战指引】

量本利分析的计算公式

利润 = 销售收入 − 总成本

= 销售收入 − 变动成本 − 固定成本

= 销售量 × 单价 − 销售量 × 单位变动成本 − 固定成本

= 销售量 ×（单价 − 单位变动成本）− 固定成本

通过量本利分析的计算公式，我们可以看出影响利润的因素是单价、销售量、单位变动成本和固定成本。同时，CEO借助量本利分析不仅能够得出达到保本状态的销售量和销售额，还能观察到相关因素的变动对利润产生的影响和影响的比重，进而有助于做出各种短期经营决策。

（3）保本点

保本点是指总销售收入和总成本相等，既无盈利，也不亏损，正好保本的销售量（额），又称"损益平衡点"或"盈亏临界点"，指能使企业达到保本状态时的业务量的总称。CEO借助保本点，可以了解企业销售收入要达到多少，才能实现期望的利润额。了解保本点知识对企业成本管理也非常重要，因为这是CEO确定销售量的重要依据。

【实战指引】

企业保本点的计算公式

$BEP=Cf \div (p-cu-tu)$

上述公式中，BEP是盈亏平衡点；Cf是固定成本；p是单位产品销售价格；cu是单位产品变动成本；tu是单位产品税金及附加。

【实战指引】

企业保本点的计算公式

保本点销售量＝盈亏平衡点收入＝年固定成本总额÷（1－变动成本率）

变动成本率＝（单位变动成本÷销售单价）×100%

单位变动成本＝（销售单价×变动成本率）×100%

　　了解保本点销售量同样对企业成本管控具有重要意义，它能够让 CEO 知道既不盈利也不亏损的销售量是多少，从而更好地做出经营决策。

　　总之，了解成本管控的 3 个基础知识点对 CEO 来说是十分必要的。只有掌握了这些基础知识，CEO 才能更好地帮助企业降本增效，进而提升企业的效益。

3 成本管控的六大误区

　　成本管控对企业经营管理来说是一件非常重要的事情，但是 CEO 在进行成本管控的过程中需要注意方式，以免陷入误区。下面，我们具体介绍一下成本管控容易陷入的六大误区。

（1）企业一味地以降低成本为目标，反而容易与企业的战略脱节

　　虽然管控成本对企业发展来说有诸多好处，但有的企业矫枉过正，把降低成本当成目标。从眼前利益来看，这种做法确实起到了管控成本的目的。但从长远利益来看，这种做法无疑是饮鸩止渴。

　　例如，CEO 打算开展一个新项目，这个项目有利于企业在母婴市场打开局面，也能相应地提升品牌形象。但到了成本核算环节，CEO 发现这个项目启动成本过高，出于降低成本的目的，CEO 决定放弃这个项目。从短期来看，企业似乎省下了一笔资金，但是这样做却可能使企业的长远发展和利益受损。

　　因此，CEO 在管控成本时要防止因一味地降低成本，使成本管理与企业的战略脱节，而要始终牢记企业发展要以战略为首要目标。在成本管控中，CEO 要树立正确的、健康的成本效益思想，这样才有助于企业战略的实施。

（2）没有提前做好基础工作，给企业的成本管控和决策带来困难

我们从成本管控的基础知识一节中已经知道，如果成本的基础工作做得不够，会给企业的成本计划、成本决策等工作带来困难。这就像是建造一栋大楼，如果不提前设计图纸，那么这座大楼就很难被建立起来。

因此，CEO 应做好成本管控的基础工作。具体来说，基础工作包括了解哪些项目成本是可以节省下来的、哪些项目成本是不可以节省的、可以缩短哪些环节、哪些是可拆除的渠道等。只有做好这些基础工作，才能在实行成本管控时做到有条不紊。

（3）不做成本分析，很难对决策做出有力支持

什么是成本分析？成本分析就是遵循一定的原则和方法，对成本的支出进行核算、分析，了解成本出现变动的原因，进而得出降低成本的方法，意在通过最小的成本损耗达到效益最大化的目的。从这个定义可以看出成本分析的最终目的是以最少的劳动损耗获得最大的效益，而达到这一目的就需要做好成本计划、成本核算、控制实际成本支出、监视成本计划完成情况、查明成本升降的原因等工作。

相反，如果企业不做成本分析，那么 CEO 既不能全面掌握企业当前的经营活动的支出有哪些，也不能有的放矢地分配成本，更不知道成本支出会对企业经营造成什么影响，就难以对决策做出有力的支持。所以，做好成本分析，对企业来说非常必要。

（4）忽略"隐没成本"，导致其成为企业发展路途上的障碍

有一个很有意思的小问题：你花了 35 元购买了一张电影票，但你不确定这部电影是否值得看（值这个票价）。等你看了 20 分钟后，你得到了答案，即这部分电影很糟糕，不值得花费 35 元。此时你有两个选择，继续看或就此离开。但是当你做决定时，你都要忽视已经花出的 35 元。这花出去的 35 元就是隐没成本，因为无论你做何选择，这笔钱都不会再回来了。

隐没成本是指已经付出的且不可收回的成本，如时间、金钱、精力等，而且

它也不因现在或是将来的人和决策而改变。

隐藏在企业中的"隐没成本"是十分可怕的，它会给企业带来致命的影响，但不少企业经营者往往忽视"隐没成本"。例如，CEO 在投资一个项目前，不注重考察该项目的投资周期和收益，也不计算需要投入其中的人力、物力和财力，只凭借着自己的喜好或直觉进行投资，这就是不注重"隐没成本"的表现。

可以说，在成本管控环节，如果 CEO 不注重对"隐没成本"的管理和控制，那么他将很难带领企业快速地走上发展之道。

（5）成本控制未能贯彻始终，致使成本管控不全面、不到位

对于很多企业来说，成本控制都集中在生产阶段，但是 80% 的产品成本其实在设计阶段就确定了，这也就使得开发、设计、流程阶段降低成本的潜力大幅增加。CEO 要抛开将成本控制局限于制造成本这一环节的思想，建立全流程控制成本的思想。

具体来说，CEO 不仅要注重控制生产环节的成本耗费，还要对生产前的调研开发成本、供应需求研究成本、采购成本和生产后的营销成本、售后服务成本等进行控制，建立全流程控制成本的意识，进而更好地帮助企业降本增效，实现高效益发展。

（6）成本考核不到位，难以发挥成本管控的全部作用

不可否认的是，不少企业在进行成本管控时，往往"虎头蛇尾"。前期工作准备得很充足，过程也很仔细，但是最后的成本考核环节却不到位，甚至没有成本考核环节，大大地降低了成本管控的价值。这也是很多企业实行成本管控的误区之一。

具体来说，CEO 可以组织企业内部建立科学的、有效的成本管理体系，并建立一个集采购、生产、销售、财务、技术和服务为一体的成本管理小组，并定期进行有针对性的培训，提升相关人员的工作技能，以更好的状态完成工作。另外，CEO 还要制定完整的成本管控的规章制度，包括基本成本管理制度、成本约束

管理制度、成本考核管理制度等，并落实到各部门或个人，实现全流程的成本控制。除此之外，CEO还要明确各项成本的经济责任，并将责任落实到部门或个人，真正实行责任制。

成本管控是企业管理的重要环节，CEO在进行成本管控时，一定要注意避开以上六大误区，以实现最佳管控效果。

4 从业务流程寻找成本控制的关键点

"业务重组""流程再造"曾被很多企业视为降低成本的法宝，他们希望从业务流程中寻找成本控制的关键点。业务流程是指为了达成业务目标而设定的一系列标准化的步骤，具体表达出可以"先做什么，后做什么，由谁来做"的先后程序，并明确各个节点的负责人和其职能，以保障业务有序、顺利地执行。

流程再造是对企业的业务流程进行的再分析、再设计，进而提升产品和服务的质量，降低成本，促进企业更好、更快地发展。

通常情况下，流程是指一系列活动。这些活动具体又可分为3类：增值性活动、辅助增值性活动和非增值性活动。对于企业来说，业务流程中成本控制主要就是在保证产品和服务质量的前提下，尽可能地提升增值性活动的"价值"，降低辅助性活动的"存在感"，剔除非增值性活动，进而达到降低成本的目的。

当然，业务流程环节众多，内容庞杂，CEO如果要想实现高效控制业务流程，就要找到业务流程控制的关键点。如果把业务流程看成一条高速公路，那么成本控制的关键点就是这条公路上的各个关口，如收费站、检查站等。这里，CEO需要了解业务流程中有哪些控制成本的关键点，从而更好地降本增效。一般来说，业务流程中的控制成本的关键点有3个，如图4-3所示。

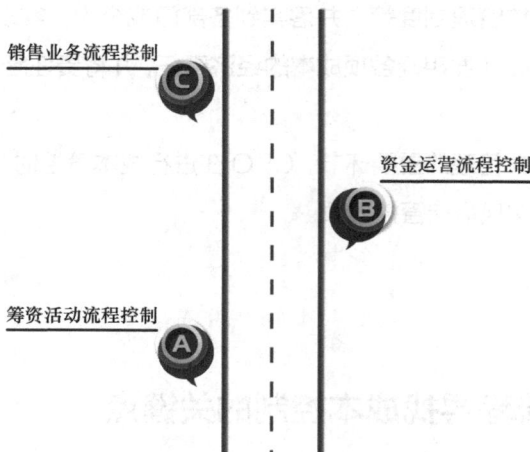

图 4-3　业务流程中控制成本的 3 个关键点

（1）筹资活动流程控制

企业在开展业务前或在业务开展的过程中，需要做好筹资活动成本管理工作。既要保障业务能顺利进行下去，又要合理地规划资金。在筹资活动流程控制环节，CEO 与相关人员应主要关注两点。

一是提出筹资方案，从源头达到降本增效的目的。具体来说，首先，相关人员要对筹资方案进行战略性评估，了解当前的筹资方案是否符合企业的发展战略，筹资规模是否合适，进而了解若选择当前筹资方案，筹资成本是否最低，与资金收益是否匹配。其次，相关人员要对筹资方案进行风险评估，即选择此筹资方案会面临哪些风险，风险是否适当、可控，会折损多少收益等。

二是要制订周密的筹资计划。CEO 与相关人员要制订切实可行的筹资计划，科学规划筹资活动，最大化地降低成本，提升效率。具体来说，相关人员要根据筹资方案选择合适的筹资方式，以及适当的符合企业业务发展需求的筹资数量。

只有充分考虑了以上问题的筹资活动才是最适合企业的、成本最低的、收益最充足的筹资活动。

（2）资金运营流程控制

资金运营流程控制也是业务控制的关键。资金运营流程包括审批、复核、收支点、记账、对账、保管、银行账户管理等环节。在这些环节中，成本控制的关键点有两个。

一是收支点，即收入入账完整，支出手续齐全。如果这一环节模糊不清，就会增加成本和徇私舞弊的风险。其解决办法有严格按照规章制度和程序办事，相关人员要根据审核后的相关收付款原始凭据记账，并加盖戳记。

二是保管，即保障财产安全与完整。当企业的财产安全与完整受到破坏时，其损失自然也会增加。避免损失增加的办法有授权专人保管资金，同时被授权专人也要接受监督。另外，企业也要定期、不定期核算盘点，以降低风险。

（3）销售业务流程控制

销售业务流程包括制订销售计划、开发客户和考核客户信用、销售定价、签订销售合同、发货、收款、售后服务等环节。销售业务流程的成本控制也非常关键。这里，我们主要讲存货安全风险和应收账款风险。

存货安全风险。存货安全风险主要表现为未收到发货通知和提单，制单人舞弊，私自发货。导致这种风险出现的原因在于经办人员遇到较大的经济压力或遇到较强的诱惑，抱有侥幸心理而明知故犯。

避免风险的方法有两点：一是遵循款到发货方式，发货人员只有收到财务部门出具的书面收款凭证才能开具提货单，严格按照规章制度办事；二是提单开具与盖章提单专用章的岗位要分开，避免两者"合谋"舞弊。

应收账款风险。应收账款风险主要表现为购买方发生财务困难，不能按期付款。风险发生的原因在于银行信贷规模收紧、购买方财务状况恶化等。这一行为会导致企业的应收账款增多，严重情况下会致使企业运转困难。

针对这一现象，企业可以建立应收账款购买方的评价体系。具体来说，CEO

要综合评价购买方主要负责人的综合素质，包括学历、职业道德、不良习惯等；了解购买方的生产情况、存货情况、其工人对工厂的评价等。

销售业务流程控制是业务流程的重要环节，CEO 和相关人员应掌握销售业务流程的成本控制的 6 个关键点。

【实战指引】

销售业务流程的成本控制的 6 个关键点

第一，销售部的人员要根据企业发展战略和实际营运情况，制订年度、季度、月度销售计划，并提请上级审核。

第二，建立和不断更新、追踪客户信用动态档案，以免让企业利益受损。

第三，销售产品的定价或调价都要经过上级的审批，等审批确定后再去实行。

第四，与客户方的合同签订要严格按照规范执行，符合审批制度。

第五，销售发货部门要根据审批后的合同发货，并做好发货各环节的记录工作。

第六，做好售后服务的追踪工作，包括客户对产品的满意度和质疑等，同时也要做好票据管理和赊销管理等工作。

从业务流程中寻找成本控制的关键点，不仅能优化业务流程，提高活动效率，还能极大地降低成本。CEO 要做好这一环节的工作，以达到降本增效的目的。

5 企业成本倍减的"5R 之道"

成本的降低意味着利润的增加。降低成本不只是中小企业在竭力追求的事情，也是大企业一直在追求的目标。例如，著名的金融帝国花旗银行的 CEO 桑迪就是一个缩减成本的高手，他甚至会因为一张纸的浪费而暴跳如雷。在他眼中，每一个会浪费成本的环节，无论大小，他都要干脆利落地砍掉。

但是，很多企业的 CEO 都在思考如何开源，却很难真正静下心来思考如何节流。节流与开源同样重要。这就像是往一个池子里注水，如果不关闭出口，只是一味地往里面注水，要想注满必然很难。同样，如果企业花费巨大力气对外销售产品，吸纳资金，但不注重堵住池子里的洞，企业利润也会不断减少。

所以，CEO 不仅要会开源，还要会节流。具体来说，降低企业成本可以从5 个方面进行，我们把它称为"5R 之道"，如图 4-4 所示。

图 4-4 企业成本倍减的"5R 之道"

（1）Reduce（减量化）

不少企业存在过量生产或采购的现象，过量生产和采购会造成不必要的浪费。例如，多生产的产品很容易变成库存，占用仓库空间，若当前仓库的内存不足，企业还需要建新的仓库。除此之外，过量生产也会增加搬运和管理等费用。

除了生产要减量化外，企业采购也要做到减量化。过量的采购不仅会直接增加采购成本，同样也会增加库存成本，多采购的原料也很容易变成呆料，甚至是废料。

因此，企业在生产和采购时，要严格按照计划进行，过量的存货不仅提高了持有成本（资本、存储和可能过时、作废形成的成本），还会增加单位流转时间。

（2）Reuse（再利用）

再利用是指企业将一些废物、废料通过修复、翻新、再制造等手段实现再次利用，或者将废物中的部分零件作为其他产品的部件再使用的过程。例如，含铁、铜的固体废物循环利用、水资源循环利用（清污分流、减少废水排放量等）、二次能源循环利用等。

企业在生产运营过程中，要建立循环再利用的意识，一方面能有效降低成本，提高利润；另一方面还能实现绿色发展，保护环境。

以上是从大处着手的再利用策略，小处着手同样可以实现再利用。例如，办公室人员可双面打印纸张，减少纸张的浪费；关掉多余的灯；用洗手的水浇植物；下班拔掉电源；租赁二手办公设备；装饰办公室的物品再利用等。

尤其是当企业的某些设备发生损坏时，要多采取维修的方式，而不是直接购买新的设备。当然，当维修成本高于购买成本时，还是采取购买的方式比较合适。

（3）Recycle（再循环）

如果说"再利用"是对能够不断利用的资源进行重复利用，那么"再循环"则是对废弃物料进行的回收利用和综合利用，如将快递纸箱变成垃圾桶；将饮料瓶改装为种养植物的花盆；对报纸、杂志和塑料等做回收处理等。

建立"再循环"意识非常重要。CEO 应该通过宣传在企业内部建立起"再循环"的节约意识，建立节约管理制度，并将节能、循环利用等落到实处，在降低成本的同时，也能实现可持续发展。

（4）Reorganize（再组织）

再组织是对企业的业务流程进行的再分析、再设计，使企业在质量、成本和服务等方面得到改善，降本增效，帮助企业更好地发展。

以"零库存"著称的戴尔公司，就是通过再组织的方式精简订货流程的。具体来说，戴尔公司为福特汽车公司不同部门的员工设计了不同的计算机配置。一旦福特汽车公司内联网订货，哪个部门需要哪种计算机，戴尔公司就能立即知道。这种信息化平台就是对订货流程的再组织，既降低了企业的沟通成本，也提高了服务质量和水平，提升了企业的经济效益。

（5）Rethink（再思考）

CEO和员工在思考成本倍减的方法时，不要一味地局限于惯常的降低成本的方法，而要思考新的能够降低成本的方法。例如，在不少企业中都存在不必要加班的浪费现象。不必要加班是指为了加班费或领导的面子而加班，而不是为了创造价值而加班。不必要加班不但会增加办公成本，还会浪费不必要的薪资开销。

根据海外网报道，日本大阪府知事吉村洋文在2019年11月27日宣布，为了减少政府职员加班，所有办公电脑在18：30强制关机。进一步了解得知，原来大阪府职员每年加班时间约100万小时，加班费总额约30亿日元（约合人民币2亿元），这是非常大的一笔支出。于是，很多企业开始思索如何能更有效地降低成本。因此，他们决定启动新系统。新系统预算约为5000万日元（约合人民币322万元）。系统开始运行后，如果没有提前申请加班，所有政府办公室将在18：20弹出"请迅速结束工作并关闭电脑"的警告，并在10分钟后自动关闭。日本企业管理者意在通过这一手段来有效降低加班费用的支出。

这个案例对CEO有两点启示：一是再思考有哪些可以降低成本费用的新方法；二是要对员工加班行为进行再思考，即要求员工在规定工作时间内完成任务。如果个别员工确实无法完成工作，存在加班需要，可以向部门主管提出书面申请，以进一步规范加班行为，降低因不必要加班而导致的成本浪费。

值得一提的是，企业成本倍减的"5R之道"除了上述所写的内容外，还有另外一种解释，即Right price（适价）、Right quality（适质）、Right time（适时）、Right quantity（适量）、Right place（适地）。此"5R之道"更多地用在采购部门，即在合适的时间和合适的地点采购价格合适、质量合适的适量产品，以帮助企业有效降低采购成本。

无论是哪种"5R 之道"，其本质都是为企业降低成本服务的。因此，CEO 必须让"5R 之道"贯彻在企业的实践之中，真正地发挥作用。

6 各职能部门如何降低成本

降低成本不是某个人或某个部门的工作，而是各职能部门都要参与进来的工作。即每一个部门都要从自身出发，做到减少开支、降低成本，提高效益。

（1）生产部门的降本之道

生产部门浪费成本的情况，通常有以下几种。

一是生产出来的产品质量不合格，既直接增加了生产成本，又需要花费人力、物力去处置。

二是订单量少而导致的人员闲置，主要表现在订单量大的时候快速扩充生产人员，但订单量减少时未能及时裁撤生产人员，造成人员闲置及人力成本浪费。

三是由于出货不及时而导致的浪费，如某些产品生产完毕后因为没有及时发货，中间再次产生了人工费、电费、设备折旧费等相关费用。

四是企业所接到的订单较少，使生产部门无法实现最大的生产效益，不仅会导致生产成本过高，而且会造成管理成本浪费。

生产部门的降本之道

一是提高劳动生产率，如通过引用新设备提高自动化程度、改造技术等方式提高生产效率。

二是合理地安排生产，优化工作流程，以提升"投入—产出"的效益。

三是提高生产人员的责任意识，以更好的工艺、技术和精力提高生产效率，降低生产成本。

四是合理调配人员，并根据实际情况平衡生产能力，以提高生产效率。

（2）销售部门的降本之道

销售成本基本上是每一个企业都会产生的，而且销售部门往往花销很大，这也是令很多企业的 CEO 很头痛的一个问题。

一般来说，销售部门的成本包括包装费、运输费、销售人员的薪资、差旅费、广告费等。这些费用的产生既是必要的，又是难以控制的。尤其是销售人员的差旅费，很容易出现造假、多报等问题。因此，销售部门降低成本并不容易实现，但也不是无计可施。

销售部门降本之道

一是降低出差成本。出差成本主要包括两项：交通费和餐饮、住宿费。首先在保证不耽误工作的前提下，尽量选择价格适中的交通工具。同时，要根据出差人员的级别、距离出差地的路程，选择性价比更高的交通工具。其次，餐饮、住宿方面既要根据出差人员的级别安排，又要做出规定，超出企业承担的范围则不予报销。

二是降低招待客户的费用。招待客户的费用也是销售成本的一大内容，这部分开支需要销售人员提前做好计划，减少不必要的招待和应酬，杜绝铺张浪费。

三是降低办公损耗。例如，提醒员工下班后要关电脑、空调、水电等，降低办公成本。

销售部门要做好每个月的成本核算和分析，了解销售费用是否过高，并分析原因和合理性。如果超出正常范围，就要采取相应的措施予以规避。

（3）采购部门的降本之道

采购部门是企业重要的支出部门，其成本浪费现象也比较严重。例如，采购原材料过多而导致产生呆料、废料；少买而出现断货，增加采购频次而导致的浪费；采购产品质量不良导致退换成本增加或废料等。

这里，我们从管理的角度出发，讨论采购部门的降本之道。

【实战指引】

从管理角度，采购部门的降本之道

第一，建立采购人员绩效考核体系。要想从源头上避免采购浪费，CEO 就要学会从源头开始抓——管控采购人员浪费、中饱私囊。建立考核体系不仅能成功调动采购人员的积极性，还能让采购人员自发地为企业谋福利。

具体来说要做好两点。

一是企业要量化考核指标。例如，采购人员的绩效考核内容包括：

采购成本是否降低？是否为己方挣得最大的利益？

采购质量是否合格？质量合格的基础上，是否有提高？

采购损失是否在可控的范围里？是否得到了有效的控制？

采购管理水平是否得到了提升？

......

二是根据考评结果对采购人员进行评价和奖惩，包括奖励、晋升、维持现状、警告和辞退等，让员工知道采购行为与自身利益息息相关。

第二，建立供应商考核体系，以降低成本。企业要想采购到物美价廉的材料，就要慧眼识珠，选择对的供应商。具体要从质量、价格、技术、供货能力、产品种类、财务情况、信誉等角度对供应商建立考核体系，择优选取。

以上两点从采购人员绩效考核体系和供应商考核体系的角度出发，表明企业的采购部门如何从管理的角度降低成本，更能解决企业在采购流程中所面临的问题，提升采购部门内部的工作效率，给企业带来更多的效益。

（4）后勤部门的降本之道

后勤部门是以后勤保障为主要工作的部门，也是企业不可或缺的一个部门。后勤部门对其他部门的正常运作具有至关重要的作用，对实现经营目标起间接作用。与其他部门相比，后勤部门的特点是工作、人员多且杂，很容易出现管理疏漏，造成浪费。因此，降低后勤部门的成本对企业来说意义重大。

【实战指引】

后勤部门的降本之道

第一，节约办公成本。具体来说，可从以下3个方面入手。一是控制用电：天气晴好时，尽量用自然光照明；人员较少时，可开具必要位置的灯；人走灯灭；及时关闭空调、复印机等。二是节约用水，后勤人员要及时关闭水龙头，杜绝浪费水的现象。三是控制维修成本，减少购买不必要的设备、资产和配件等，减少损耗，提高产品的使用率。

第二，学会减员增效。企业要淘汰工作效率低下的后勤人员，择优上岗，实现任人唯能，按实际情况降低人工成本。

第三，提高后勤人员的素质，包括员工的技能素质、身体素质、职业道德素质等，进而提高效率。

总之，企业降低成本不是哪一个部门的事情，这需要企业各个部门集体参与进来，共同降低成本，以实现企业整体的降本增效。

7 人力成本管控及应对措施

不少企业的 CEO 总是抱怨人力成本越来越高，占据了企业很大一部分支出。因此，很多 CEO 控制人力成本的方式就是尽量降低员工的工资、压缩员工的福利待遇、取消团队活动等，但这些方式并不是人力成本管控的核心。人力成本管控不等于减少人力成本，也不是减少员工收入，而是要减少相对人力成本的比重。

根据人力成本的定义，我们可以将人力成本分为三大类，分别是显性成本、隐性成本和开发成本，如图 4-5 所示。

显性成本主要包括薪酬成本和社会附加。薪酬成本包括基本工资、岗位工资、绩效工资等；社会附加包括社会保险、公积金等。

隐性成本主要包括加班费、补偿金、补助金等。

开发成本包括招聘成本、培训成本、企业福利等其他成本。例如，员工离职，包括离职前消极怠工或对其他员工产生的不良影响而造成的损失等。

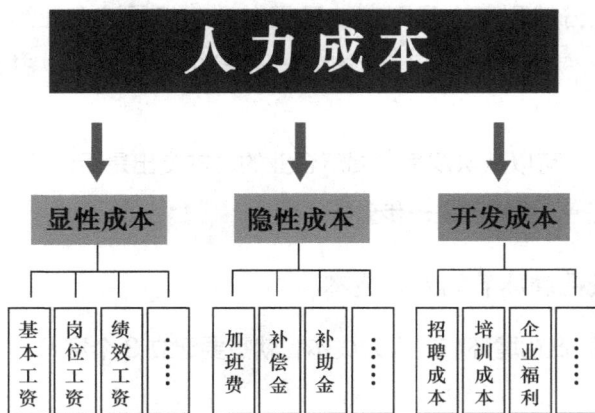

图 4-5　人力成本的主要内容

　　人力成本管控也是降本增效的重要环节，无论是显性成本、隐性成本还是开发成本都有需要重点关注的成本控制的重要内容。下面，我们从 6 个方面引导企业做好人力成本管控。

（1）总成本控制法

　　总成本控制法是指完成成本控制任务和达到成本控制目的的手段。具体来说，CEO 可参照行业标准或行业平均值，了解本企业的人力成本情况。如果高出行业标准，就要对企业人力成本做出相应的分析，了解人力成本数值是否合理。要想了解人力成本数值是否合理，我们需要先了解人力成本率的计算公式。

【实战指引】

人力成本率计算公式

人力成本率＝人力成本总额÷年销售额×100%

　　例如，某企业的人力成本率为 10%，年销售额为 500 万元，则人力成本总额为 50 万元，分摊到每个月则在 4 万元左右。如果该企业当月的人力成本超过了 4 万元，就要分析原因，了解哪一部分的成本过高，并采取相应的解决措施。

总成本控制法可以从宏观角度揭示企业的成本支出是否合理，要想了解其中哪一部分支出过高，就需要进一步分析。

（2）降低招聘环节的人力成本

CEO 要想降低招聘环节的人力成本，就需要建立 3 个意识。

【实战指引】

招聘人才的 3 个意识

第一，清楚了解我要招到什么样的人才。

一般来说，企业选拔用人的基本原则有"德、勤、能"，再按照岗位需求的特点做好排列。

第二，"对口"招聘，即招聘人员满足岗位需求，如聘用专业的美工人员、广告策划人员等。

第三，招聘与工作要求或企业愿景相契合的人，即寻找志同道合的人才。

如果企业的招聘环节做得好，不仅能为企业成功招揽到合适的、长久发展的人才，还能促进企业发展，有效降低员工频繁离职所带来的损失。

（3）降低员工的流动成本

如果员工的流动率高，那么企业就需要招聘新的员工来填补这些空缺的职位，除了要再次花费招聘和培训的费用外，还有可能因为员工离职而导致企业当前进行的项目停滞从而造成损失。所以，员工流动带来的成本是巨大的。

【实战指引】

如何降低员工的流动成本？

第一，从马斯洛需求层次理论出发，了解并满足员工的需求。

根据马斯洛需求层次理论可以得知，人们的需求是不同的。如果一家企业当前的发展和提供的条件不能满足员工的需求，员工很可能会放弃这家企业，进而造成企业人才的流失。因此，企业需要积极了解员工当前的工作需求，除了提供匹配员工能力的薪酬和福利待遇外，更重要的是，企业要关注是否能够给员工提供更广阔的个人发展空间。

第二，创造令员工喜爱的企业文化和工作氛围。

CEO还要构建具有向心力的企业文化。不少员工的离职原因除工作压力大、薪资待遇低之外，还有一个不可忽视的原因就是对企业文化和工作氛围没有认同感。因此，企业要加强企业文化建设，创造令员工喜爱的工作氛围。一般来说，轻松、自由、公平、尊重的工作氛围是员工所喜爱的。

第三，职位空缺时，先从内部人员选拔。

如果企业出现员工离职，尤其是一些重要职位人员，如财务总监的离职，此时企业不要立即从外部招聘新的员工，而是应该考虑从内部人员中选拔。这不仅可以激励员工，还能相应地降低成本。

第四，建立人才培养机制。

有的员工离职是因为在企业里得不到成长，无法实现个人发展。因此，企业要注重建立人才培养机制。具体来说，企业要建立人才队伍，完善人才结构，发现优秀人才，并对优秀人才进行培养，提升他们的专业技能，优化人才成长环境。同时，企业还要提供发展平台供员工施展才华。

（4）降低用人成本

从某种程度上说，没有无用的人。要想员工发挥出能力，CEO要学会用人，以用人降低成本。例如，可以按照员工的能力偏好分派工作，让其以更熟练的技能投入更擅长的工作中；也可以根据员工的意愿和兴趣特征分配工作，调动他们工作的积极性和提高工作效率。

此外，企业要严格、公正、规范地实行绩效考核制度，将员工的个人收入与其做出的贡献紧密结合起来，激发他们的工作积极性。

值得一提的是，降低用人成本还有一个方法，就是将雇佣关系变为合作关系，合理地解除企业的用工风险。例如，企业可将一些难办的需要专业力的项目承包给外方去做。

（5）提高员工的工作效率

员工提高了工作效率，无形间也极大地降低了人力成本。

【实战指引】

如何提高员工的工作效率？

第一，优化工作环境，激发员工积极的工作情绪。例如，企业可根据工效学的原理优化工作环境，相应地降低员工的工作压力，减轻员工的工作疲劳感，让员工轻松、愉悦地开展工作，有效地提升员工的单位产出。

第二，奖励创新，激发员工的创新热情。例如，某位员工通过技术创新，提高了生产环节效率，增加了企业的经济效益，此时企业可对该员工进行物质奖励或精神奖励。

第三，提升工作技能。例如，企业可定期组织学习或培训活动等，有针对性地提升员工的工作技能；让员工从事具有一定挑战性的工作，积极地帮助员工成长。

第四，提供有效工具。例如，企业可提供运行快的电脑、好用的正版办公软件，以提升员工的工作效率。

（6）淘汰绩效不理想或工作状态不佳的员工

淘汰绩效不理想或工作状态不佳的员工也是有效管控人力成本的方法之一。企业聘用员工的目的就是给企业创造效益，带来利润。如果员工在工作一段时间后不但不能给企业创造效益，还影响其他员工的工作状态，如无法完成任务、经常抱怨等，那么这类员工的存在不仅会削弱团队的实力和竞争力，同时也会给潜在客户和商业伙伴留下不好的合作印象，无形间增加了企业的成本投入。

因此，CEO 要当断则断，淘汰或解雇绩效不理想或工作状态不佳的员工，有效管控企业的人力成本。

总之，人力成本管控"大有文章"。企业要有始有终，从人员的招聘到离职过程，都要建立成本管控的意识，最大限度地实现降本增效。

8 材料成本管控及应对措施

材料成本也是企业成本管控中的重要一环，尤其对于生产型企业而言，材料成本管控更是重中之重。企业在对材料进行选购、运输、使用等过程中会产生一大笔费用。如果企业在这一过程中监管不力或判断不准，就会导致极大的成本浪费。例如，有的采购人员为了拿回扣与供应商相互勾结，导致物料出现质量不好或者价格高昂等问题，或者采购人员为了给其亲朋好友"卖人情"而舍廉求贵、舍近求远等，利用自己的职务之便谋得福利，进而增加了材料成本，损害了企业的利益。

材料部门是花钱的大户，采购人员的不当行为不仅会增加材料成本，还会侵害企业的利益，产生消极的影响。因此，只有抓住材料成本的控制，才能有效地降低工程成本。具体来说，企业要采取图 4-6 所示的几种方法。

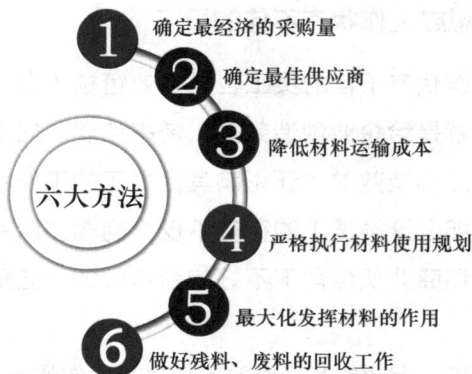

图 4-6　材料成本管控的六大方法

（1）确定最经济的采购量

企业在进购材料时，如果采购过多，极易引起材料积压；如果采购不足，又会增加采购频率，进而增加固定采购成本。因此，企业要想降低材料成本，就要确定最经济的采购批量，定额购料。那么，企业如何确定最经济的采购批量呢？这里涉及几个重要的概念。

【核心要点】

毛需求量。毛需求量就是项目要求的物料数量。

净需求量。净需求量 = 毛需求量 - 现有库存量 - 计划入库量。

确定订单下达日期和订单数量。下单日期 = 要求到货日期 - 认证周期 - 订单周期 - 缓冲时间；订单数量 = 净需求量。

确定毛需求量和净需求量有着重要的意义。企业通过毛需求量能确定企业大概需要进购多少材料，进购这批材料大概需要支出多少资金，从而做到心中有数；确认净需求量则是从实际出发，了解企业当前只需要进购多少材料，既能满足需求，又能降低成本。同时，确定订单下达日期和订单数量也很重要，这可以使企业能更好地安排当前材料的使用。

（2）确定最佳供应商

企业除了要确定最经济的采购数量外，还要确定最佳供应商以降低材料成本。

【核心要点】

一般说来，最佳供应商有以下几个标准：

一是供应商所提供的材料能够满足企业的期望（技术规格、设计、产品寿命、维修便利等）；

二是材料的价格适宜；

三是可靠度高；

四是供应商提供的材料创新力强等。

企业可根据以上标准筛选供应商，对其工艺能力、供应的稳定性、物料可靠性、创新能力等情况进行筛选，选取符合自己要求的供应商。

（3）降低材料运输成本

材料运输成本也是材料成本管控的重要内容之一。企业要合理规划，选取最经济的运输方式，以降低材料的运输成本。

【实战指引】

如何降低材料运输成本？

第一，选取性价比高的运输工具，如货运、船运，根据采购量选定运输工具，就近购料。

第二，优化运输路线。材料运输要一次到位，直接运到使用现场，避免二次倒运而增加运输成本。

第三，减少运输事故损失，降低运输成本。例如，使用合格的司机，避免司机疲劳驾驶；定期检查、维修运货车辆。

第四，通过物流外包，降低运输成本。

第五，明确损失归属问题，降低运输成本。企业与合作方要签订相关条约，对于在运输途中出现的产品损坏、散包等损失，要明文规定由运输企业承担，加强销售人员对产品的管理意识，减少运输过程出现问题的概率。

在材料运输成本这一环节，企业方也可优化包装，以降低材料的包装成本。例如，实行包装作业机械化，机械化包装既省力，还能提高工作效率，降低人工包装成本费用；可回收和再次利用旧包装，节省损耗等。

（4）严格执行材料使用规划

企业在使用材料之前，要严格执行材料使用规划。加强材料使用规划的执行虽然是一项繁重而琐碎的工作，但又是非常重要的。严格执行材料使用规划既能防患于未然，又能降低潜在的成本浪费。具体说来，需要做好以下3点。

第一，制订施工方案，严格控制材料用量。尤其是在施工之前，建筑企业要制订好施工方案，最大限度地减少材料的浪费。

第二，严格按照图纸动工。一些施工团队在工作过程中，会出现脱离图纸自行制订施工方案，或不严格遵守图纸规定施工的情况，这些都会给企业带来很大的损失和浪费。

第三，如果出现超额用料情况，一定要递交申请给相关部门，并注明缘由和具体的超额量。经上级部门确认后，再去开展接下来的工作。

所以，企业施工任务下达后，应要求施工部门附上完成该施工任务的材料清单，并严格按照规定执行。

（5）最大化发挥材料的作用

材料在使用过程中会经历几个甚至十几个环节，一旦其中某个环节出错，就会造成材料浪费。因此，企业要有效使用材料，最大化发挥材料的作用。

【实战指引】

如何最大化发挥材料的作用？

第一，提高生产人员的技术。选用技术熟练度高的人员投入生产，尤其是重要环节的生产。

第二，提高全体员工的责任意识。不仅仅是生产人员，管理人员同样也要建立责任意识，要监督、审查材料使用过程中是否有浪费的情况，及时做好记录和分析，并做好整理和复盘工作，避免再次浪费。

（6）做好残料、废料的回收工作

对残料、废料的回收也是材料成本管控时不可忽视的一环。例如，企业在施工过程中会产生边角料或废料，如果不做好回收管理，就会造成浪费，无形间增加材料成本。具体来说，企业要对残料、废料分门别类，记录在案，并对这些材料进行整理、集中堆放。对其中能再利用的部分进行妥善保管，对不可再利用的材料予以退货处理或售卖，以抵减材料成本。

材料成本管控是降本增效的重要途径之一，如果企业能把材料成本管控认真落实到材料选购、使用的各个环节，不仅能有效控制材料成本，还能提高生产质量，提高企业效益。

9 库存成本管控及应对措施

库存成本管控是企业降低成本、提高运营效益的重要途径。库存问题是压在很多 CEO 身上的一座大山，生产制造企业的 CEO 尤其不喜欢库存。一些更新迭代快的产品，如电脑、手机等，库存过大又没有及时售卖出去就会贬值。当然，企业如果没有库存也会带来诸多麻烦。因此，库存成本管控极大地考验着 CEO 的管理能力。

库存成本是在整个库存过程中发生的全部费用，包括订货成本、购入成本、库存持有成本、缺货成本和物流成本等，每个环节都存在一定的浪费。因此，降低库存成本也是降本增效的重要一环。CEO 要想成功实现库存成本管控，就要掌握以下几种办法。

（1）消除恶性库存

虽然说库存对企业来说是必要的，但在实际中，并不是所有的库存都能发挥其满足生产或交货需要的作用。因此，CEO 要学会消除恶性库存。恶性库存与良性库存相对，是指库存产品数量远远大于企业正常经营所需要的库存数量，包含原材料库存和成品库存。

恶性库存的负面影响有以下 3 点。

一是降低资本的盈利率。恶性库存长期占据了企业大量的资金，使企业周转效率降低，最终导致企业资本盈利率减少。

二是占用企业的人力和空间。

三是恶性库存自身的价值贬值和报废。

因此，消除恶性库存是企业降本增效的重要途径之一。CEO 应建立恶性库存的预警和处理机制。

【实战指引】

如何消除恶性库存？

第一，科学进货。采购部门在进货时，要充分考虑库存成本。具体来说，就是要做好数据分析，预防库存产生，从源头上消除恶性库存。

第二，减少库存积压。企业的库存积压过度，也会增加企业的经营负担。CEO要根据实际客户订单情况、产品所处的生命周期、销售时节、促销活动安排、及时处理旧产品等情况，进行合理的安排。

（2）降低库存持有成本

货物从离开供应商工厂到抵达企业的仓库的过程中所产生的时间成本和运输成本也是较高的。因此，双方的距离越短，交货时间越短，库存持有成本就会越低。但从另一个角度说，货物的所有权越晚交给企业，付款的期限就越长，企业方所需要承担的风险和费用也就越小。

因此，库存量既不是越大越好，也不是越小越好，企业要想降低库存持有成本，就要确定最佳库存量。这里给大家介绍两种确定最佳库存量的方法。

【实战指引】

确定最佳库存量的方法

基准库存法：月最佳库存量＝月营业预算＋年营业预算÷商品周转率－年营业预算÷12。

百分率变异法：月最佳库存量＝年营业额预算÷商品周转率×1/2×（1+特定月营业预算＋年营业额预算÷2）。

（3）实行ABC库存管理法

不少企业不仅存在库存积压严重的现象，还存在存货分类不合理的情况，严重影响了企业正常的生产经营活动。企业库存管理不到位以及企业存货类别缺乏科学性，就会导致某些物资积压过多或某些物资短缺，这不但会影响企业正常的运营，还会增加库存管理的成本。

因此，我们推荐实行"ABC 库存管理法"进行库存管理。"ABC 库存管理法"的优点是能做到存货类别清晰，明确分类，可以根据库存物资的价格划分物资的重要程度，如表 4-1 所示。

表 4-1　ABC 库存管理法

物资类别	占库存资金	占库存品种
A	大约 80%	大约 20%
B	大约 15%	大约 30%
C	大约 5%	大约 50%

A 类物资属于非常重要的资源，一般来说，增加或减少该物资对库存金额的影响较大，因此企业应采取"出多少进多少"的方式，提高 A 类物资的周转效率。同时要严格检查 A 类物资数量和质量状况，尽量保证这类物资的库存量。

B 类物资是重要的库存，企业可以按照日常的方式进行管理和控制。

C 类物资是不重要的库存，一般品种数量繁多，但价值不大，企业可以采用最简便的方法进行管理和控制，但需要监控该类物资的数量和质量，并及时清理不必要的库存。

总之，库存成本管控是企业降本增效的重要手段之一，如果企业能积极地从消除恶性库存、降低库存持有成本和实行"ABC 库存管理法"的角度入手，不仅能降低企业的资金占有量，还能提升盈利空间。

第五章

内部管控：
如何防范经营和财务风险

内控制度是现代企业治理的重要手段，也是防止和防范内部舞弊的重要手段。CEO 要做好全面内部控制，包括资金风险控制、采购业务风险控制、销售业务风险控制、工程业务风险控制、合同业务风险控制等，保障企业资产完整不受侵害，帮助企业实现经营目标。

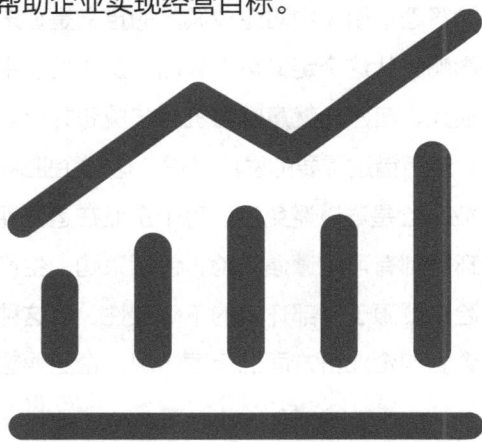

1 企业风险的本质：风险 ≠ 危险

任何企业的经营发展都要承担风险，但风险 ≠ 危险。风险和危险是有本质区别的。

举一个例子。一个人去蹦极，因为可能有未知情况发生，所以蹦极人要承担一定的风险。如果未知情况不发生，那么就没有危险。相反，如果未知情况发生了，如蹦极过程中防护设施忽然出现了问题，此时风险就变成了危险。

同样，企业在经营、运转、发展的过程中也存在一定的风险，如债务风险、运作风险、操作风险、政策风险、市场风险等，如果采取有效的办法对其加以控制，那么这些风险是可以规避的；相反，如果风险出现，且任由其发展，那么风险就会变成危险，给企业的发展带来困难甚至是毁灭性的打击。

企业风险又称经营风险，国务院国有资产监督管理委员会发布的《中央企业全面风险管理指引》中对企业风险的定义是：未来的不确定性对企业实现其经营目标的影响。从这个定义可以看出，企业发展中的不确定因素很多，企业风险的变动性很大，自然也就意味着机会与威胁并存。因为害怕承担风险错过难得的商业机会，进而错过重要的发展机遇，这对企业来说，未尝不是一种风险。

企业风险是难以避免的。每个企业在运营期间都有可能遭遇风险，甚至企业的各个环节都有可能遭遇风险，包括采购、生产、销售、计划、组织和决策等。这些风险主要源于外部环境的不确定性，而这种不确定性会影响企业决策。企业决策又会影响企业各方面的运营情况。企业要想发展，获得高收益率，就必须承担风险（不承担风险就不可能获得回报）。但是从某种程度上说，承担了风险也不一定就能得到回报。

如果从风险管理的角度出发，风险则是指可能对实现组织目标产生负面影响的事件或活动，包括战略性风险、市场风险、资信风险和操作风险。具体来说，战略性风险是指企业因战略实施错误而导致经济损失的风险；市场风险是指因市场价格和利率的波动而给企业带来的风险；资信风险是指企业的合作方因不能履行合约内容而使企业利益受到损失的风险；操作风险属于企业的内部风险，是指由于企业内部人员在操作过程中的人为错误等原因造成的经济损失。

【核心要点】

企业风险的管理框架由"一个基础"和"三道防线"组成。其中"一个基础"是完善的企业治理；"三道防线"即业务单位、风险管理单位和内部审计单位。

完善的企业治理是指企业要建立"一个基础"，即一套完整的治理体系，包括激励机制、监督与制衡机制、外部接管机制和代理权竞争机制。其中激励机制是指激励董事会和股东全心全意为企业创造价值的机制；监督与制衡机制是指监督和评价董事会和股东，形成权责相互制衡的局面的机制；外部接管机制是指企业经营不善造成企业价值受到重创，而被其他企业收购，导致公司控制权易手的一种治理机制；代理权竞争机制是指企业股东为了利益争夺董事会的控制权，进而达到替换 CEO 的目的的一种机制。这 4 种机制共同组合成一个完整的企业治理体系。

"三道防线"即业务单位、风险管理单位和内部审计单位，如图 5-1 所示。其中，业务单位是第一道防线，风险管理单位为第二道防线，内部审计单位为第三道防线。这三道防线共同为企业运营保驾护航。

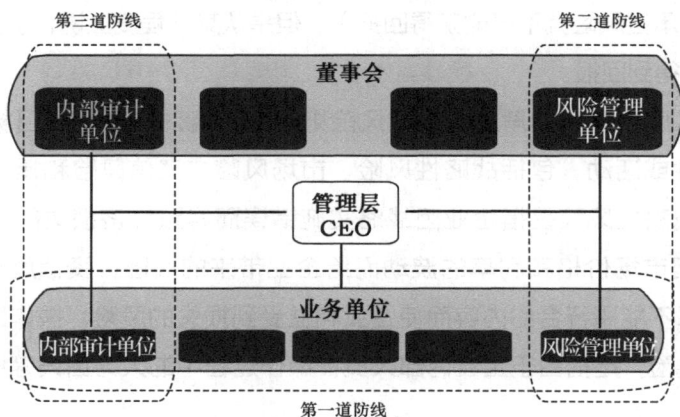

图 5-1　企业风险的三道防线

　　总之,企业的风险不等同于危险,如果 CEO 经营得当,就能将风险转化为机遇,帮助企业实现快速发展。

2 企业层面的三大风险

　　企业在经营发展的过程中,会遭遇各种风险的侵袭。从企业层面来看,其面临的风险一般可以归为三大类,即战略风险、财务风险和运作风险,如图 5-2 所示。

(1) 战略风险

　　战略风险是指由于内外部环境的变动和不确定性而导致战略的选择和实施后的结果与预期目标存在偏差,给企

图 5-2　企业层面的三大风险

业带来损失的风险。例如，有些创业企业因为 CEO 缺乏管理经验，又无视外界环境的变动，盲目制订企业战略，在遭遇风险时也缺乏应变能力，因此很容易出现企业破产的情况。在一定程度上，企业的战略风险对企业的影响很大，它不仅影响企业未来的发展方向和目标，甚至还会直接影响企业整体经营的成败。

那么，如何正确理解企业的战略风险呢？

首先，我们要明确，并不是所有给企业带来损失的风险都是战略风险。

其次，我们要明确企业战略风险的范围。一般而言，已经发生的确定性事件不属于战略风险，未发生的可能影响企业战略目标实现的不确定事件才是战略风险。此外，战略风险还包括偶然发生的，对战略目标有直接影响的事件。

【实战指引】

企业规避战略风险的 3 个步骤

第一，进行科学合理的战略分析。

战略分析的目的是根据企业的内外部情况，以及未来企业的发展程度和前进的方向，制定一个长期的、具体的目标。

第二，根据企业当前的实际情况和未来的可发展情况进行战略选择。

如果说第一步解决的是"去哪儿"的问题，第二步解决的是"怎么去""以什么方式去"的问题。CEO 在进行战略选择时要根据自身的能力和资源做出选择。同时，战略选择要变通、多元化，而不能采取单一的方式。

第三，调配各方面的资源，支持战略实施。

当企业根据当前的实际情况和未来的可发展情况进行战略选择后，CEO 就要有效地配置各方面的资源如人员、材料、技术等，并加以调配，为战略的实施提供有力的支持。

（2）财务风险

财务风险是指企业因为财务结构不合理、融资不当等，导致企业出现预期收益下降的风险。能否规避财务风险主要看企业是否有充足的资金储备和现金流，是否具备偿还债务或利息的能力，以从资金方面满足企业的运作需求。

【实战指引】

企业规避财务风险要重点关注的两个方面

第一，资金流动性风险。

企业的现金流来源一般有 3 个：一是企业经营活动产生的现金流量；二是企业投资所产生的现金流量；三是企业筹资（常见的股东集资）所获得的现金流量。以上 3 个现金流量都是负值或其中两个为负值，都会使企业遭受较大的财务压力。

第二，偿债风险。

企业偿债风险是指企业在并购后由于债务负担过大，缺乏短期融资和必要的现金持有量，可能导致的支付困难。同时，企业债务风险的形成有很多种原因，主要分为两类：一类是企业内部的风险，如企业决策失误导致债务风险增加，经营管理出现问题导致债务增加；另一类是外部风险，如市场环境的变动对企业造成的影响等。

判断企业偿债能力的一种最直接、最简单的方法就是用企业初期现金净额加上本期全部资金收支结余，看是否能够满足企业本期需要偿还的债务本金。如果不能满足，说明企业正面临债务风险。

接下来，我们来深度分析为什么企业容易遭遇财务风险。导致资金周转不开的原因一般有以下 3 个。

一是企业的销售环节出现了问题，产品卖不出去，导致收入减少甚至停滞，但各方面的投入已经付出，此时投入已经大于收入，且投入仍在继续，此时 CEO 要关注产品受到冷遇的原因并立即寻找对策。

二是存货、应收账款数目过大而占用了流动资金，导致企业资金周转不灵，出现财务风险。

三是企业因为融资贷款而背负债务压力。虽然融资贷款有一定的风险，但为了企业的发展运营，融资贷款也是必要的。

因此，CEO要建立长期的财务预警体系，并对企业的获利能力、偿债能力和发展潜力有清醒的认知。

（3）运营风险

运营风险是指企业因内部流程、人为错误或外部因素给企业造成经济损失的风险。

CEO要想规避企业的运营风险，就要做到以下两点。

一是制定科学的流程，科学合理地监控各个业务环节的起点至终点。同时，尤其要注重对销售环节的监控。如果销售环节出了问题，其他环节做得再好，在运营过程中也有可能出现风险。

二是打通上下游产业链，与客户无缝对接。因为运营风险不是局限在采购环节、销售环节，其实它存在于整个上下游产业链。所以，企业可以打通上下游产业链，根据客户的需求进行生产，在最短的生产周期里做出产品，与客户无缝对接，这样企业才能相应地降低运营风险。

企业层面的三大风险各有侧重点，需要CEO区别对待。同时，三大风险既是独立存在又是相互影响的，需要CEO用联系的思维去看待和分析，从而加强防范。

3　如何理解企业内控？

企业内控是企业为了保障经营活动正常、有序地进行，对企业的财务、人事、资产和工作流程实行有效监管的一系列控制活动。企业内控的目的是保证经营管理活动正常有序且合法地运行。

不少企业也做了内控管理工作，但是因为对企业内控的认识不够，使内控管理工作难以发挥真正的作用。CEO 对内控往往存在图 5-3 所示的 3 点错误认知。

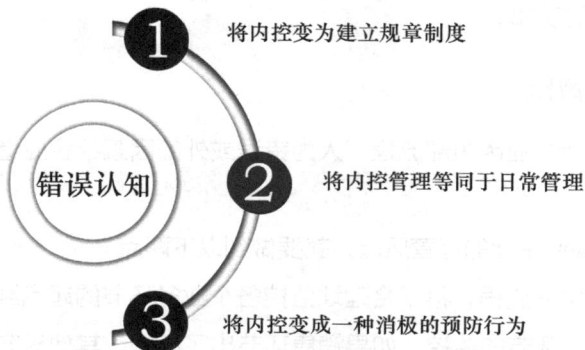

1 将内控变为建立规章制度

错误认知

2 将内控管理等同于日常管理

3 将内控变成一种消极的预防行为

图 5-3　关于企业内控的 3 点错误认知

一是不少 CEO 浅层次地将内控变为建立规章制度，即根据内控的要义列出一系列的规章制度，此时内控行为变成由员工自主践行的"静态行为"，就像是贴在墙上的一张海报。但真正的企业内控是动态行为，企业不仅要有完善的规章制度，还要制定严格的考核办法和健全的监督管理机制。如果将企业内控变成一套固定执行的规章制度，那么内控管理工作是难以取得实际成效的。

二是有的 CEO 认为内控管理与日常管理别无二致，因此常常将内控管理等同于日常管理。事实上，日常管理是比较详细、具体的管理活动；而内控管理比日常管理的层次更高，它是让管理更科学有效的重要保证。

三是把内控变成一种消极的预防行为。主要表现为将内控管理变成对员工的监督和限制等，但这绝不是企业内控的真正目的。真正的企业内控是将控制环境、风险评估、信息沟通和监督等结合为一体，不只是局限在监督员工的行为，而是指向更高的目标，通过系统地协调各个组织，以保障企业有序、协调地运作。这是一种积极的管理行为。

具体来说，企业内控的基本环节包含一系列的控制活动，从时间上可以分为事前防范、事中控制和事后复盘 3 个环节。

（1）事前防范

事前防范是指企业通过建立一套完整的内部控制规章制度，使企业从事各项经营活动时有章可循。这套规章制度涉及方方面面，包括对企业生产经营活动过程中的各种业务活动进行规定，以使各个部门各司其职，同时又相互监督、互相制约。

（2）事中控制

事中控制是对各种业务活动进行的过程进行控制，以及检查业务活动是否按照内部控制的规章制度进行。如果发现某些业务活动偏离了轨道，CEO 就要立即采取措施，防止结果偏离。

（3）事后复盘

事后复盘是企业内控的重要环节。当各项业务完成之后，CEO 要及时复盘各个环节，及时发现内部控制的薄弱环节和陷阱，包括内控执行的过程中各部门所遇到的问题、发现的新情况，总结宝贵的经验和教训，为下一次实践提供指导。

以上是按照时间的划分建立的内控的 3 个环节，接下来我们从企业内控的主要内容的角度来理解企业内控。

表 5-1　企业内控的 5 项内容

工作内容	具体描述
改善内部环境	明确企业的治理结构、合理设置组织机构、合理分配权责、形成独特的企业文化、建立内部审计机制和反舞弊机制等
进行风险评估	及时识别并科学分析企业在运营过程中的各种不确定因素，并做好风险应对措施
制定控制措施	根据风险评估的结果，制定相关的控制措施。例如，做好预算控制、授权控制、职责分工控制等工作
保证信息沟通	建立信息沟通渠道，及时搜集内控过程中出现的各种信息，并让这些信息流畅地在各个组织间传递，通报彼此的情况
实施监督检查	监督检查机制也是企业内控的重要一环，监督检查内控全过程并形成报告，提出有针对性的改进措施

如表 5-1 所示，改善内部环境、进行风险评估、制定控制措施、保证信息沟通和实施监督检查是企业内控的 5 项主要内容。CEO 也正是通过这 5 项主要内容对企业实施监督控制的。

总之，企业内控是有效治理企业的保障，CEO 要肩负起自己的责任，积极推进并完善企业的内控管理体系。

4 内部控制的管理层面认识

内部控制作为管理工具，在企业的生存和发展中得到了不同程度的应用。美国管理学家证实这也是内部控制的目的。CEO 通过内部控制让企业内部运行更高效，发展得更快、更好。

从某种程度上说，从管理层面认识企业内部控制，就是指一个 CEO 如何看待企业内控，并做好企业内控，以及他要在此过程中担任什么角色等。总体来说，企业内控可以通过管理来改善和提高。

如果 CEO 的管理水平落后于企业的发展需要，此时企业内控也会出现"状况"。这里的"状况"主要表现在以下两个方面。

一是企业内部员工消极怠工或出现徇私舞弊等现象，使企业的经济效益受损。

二是 CEO 因分工、授权不合理等而导致团队工作效率低下。

CEO 要通过管理活动有效解决以上问题。内控实际上就是对企业内部活动中的"失控""失灵"现象进行管理，从而让企业的行为回归正轨。

【实战指引】

从管理层面认识企业内控要了解哪几点？

第一，CEO 要从源头厘清自身的管理理念和经营风格，建立与之相符的企业内控管理体系。

　　企业内控环境的好坏与管理层的理念和经营风格息息相关。换句话说，如果CEO独断专行、刚愎自用，那么企业治理结构便形同虚设，内控环境也会遭到人为地破坏。所以CEO在建立企业内控管理体系时，要从源头做好，厘清自身的管理理念和经营风格，建立与之相符的内控管理体系。如果源头出现问题，自然影响接下来的工作开展，也难以实现内控管理的目标。

　　第二，CEO要反思企业当前内控的局限和缺点，并做好归纳总结。

　　内控不是做给自己和员工看的，而是要真正地用于企业的管理和实践中的。当内控实践后，CEO要反思企业当前内控的局限和缺点，并做好归纳总结。具体来说，CEO可以定期进行风险评估，并通过预算控制、授权控制和职责分工，了解当前内控管理存在哪些问题及其解决措施。

　　同时，CEO还要注重建立信息沟通的渠道，及时搜集内控过程中各个层级员工反馈的信息和问题，以真正解决问题，提升管理效率。

　　第三，CEO要根据内控管理体系的要求，评估企业的风险管理体系，并做出相关的评价报告。

　　因为风险管理是企业内控的主要内容，两者联系十分密切。从某种程度上说，内控的实质是风险控制，两者相互依存，不可分离。因此，CEO要根据内控管理体系的要求，评估企业的风险管理体系，并做出相关的评价报告，从中汲取经验。

　　第四，CEO要根据内控发展趋势和企业的实际情况，不断改进内控防范，提高内控的效率和水平。

　　具体来说，企业的管理层要根据内控的要求做好各层级的分工工作，明确各层级的权责，从而有条不紊地推进内控工作。

　　企业内控又是一个开放的、贯穿整个企业活动的系统，会受到企业内外部环境的影响。从整体上看，企业内控反映的是企业内部权利、信息和流程的相互制衡，内控水平的高低也直接反映了企业管理水平的高低。同时，CEO的管理水平如何也会在内控效果上得以呈现。

总体来说，当前我国很多企业的内控管理制度是不完善的，很多企业的 CEO 怠慢或忽视内控制度，也没有制定与之相应的监督管理机制，还缺乏一定的积极性和主动性。但随着时代的发展和企业内部发展需求的日益提升，相信从管理层面认识内控管理将越来越被重视，反馈到企业的实际内控管理活动也将越来越完善。

5 企业内控的八大措施

健全和完善的内控管理是企业健康发展的重要保证，直接关系到企业经营目标的实现。为了能够更好地实行内部管控，CEO 要积极了解能够加强企业内控环节的措施。具体来说，有以下八大措施。

（1）建立内控"金字塔"系统，构建良好的内控环境

一般来说，内控系统呈现出一个 4 层金字塔的模型，如图 5-4 所示。

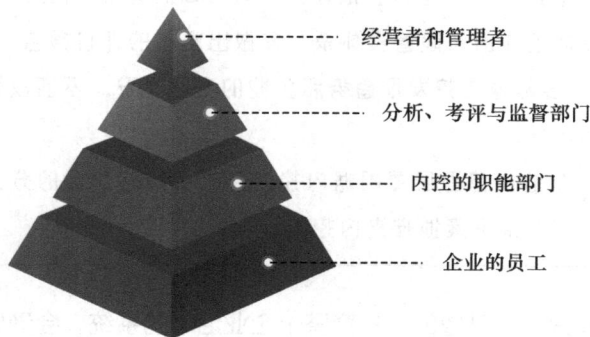

经营者和管理者

分析、考评与监督部门

内控的职能部门

企业的员工

图 5-4　企业内控"金字塔"模型

第一层是企业的经营者和管理者，负责领导阶层的内控工作。

第二层是分析、考评与监督部门，具体负责内控的分析考评与监督。

第三层是内控的职能部门，负责制定、修改和完善各项内控制度，以及日常内控的实施与协调。

第四层是企业的全体员工，负责执行具体的内控工作。

以上4层形成了一个"金字塔"形的内控系统，系统内各个层级的人各司其职，既相互独立又相互依存。可以看出，最高层级是经营者和管理者，即内控的制定者；最低层级是企业的员工，即内控计划的执行者。中间两级为分析、考评与监督部门和职能部门，其中分析、考评与监督部门既对上负责，又负责监督各个职能部门的运行情况，以使内控系统运作更高效。

（2）建立严谨的风险评估和预防机制

市场环境瞬息万变，企业在复杂的竞争环境中会遭遇各种风险。因此，建立严谨的风险评估机制就显得十分重要。

企业风险评估主要包括投资风险评估、筹资风险评估、资信风险评估和合同风险评估等，企业可以通过评估进一步加强企业的风险管理，提升企业的风险控制水平。

风险评估完毕后，企业要进行风险分析，并建立严谨的风险评估机制。风险分析一般采取定性与定量相结合的方式，按照风险发生的可能性和影响程度进行计算，并对各种风险进行排序，提出有针对性的预防方案，做好预防工作，以降低风险。

（3）建立内部审计部门，发挥其监督作用

企业内控需要有一个第三方监督部门，以增强企业内部制度的执行力。此时，内部审计部门就发挥了作用。内部审计是由部门、单位内部专职审计人员进行的审计，作用在于帮助部门、单位的管理人员实行有效的管理。

一方面，内部审计部门能够加强企业内部的管理工作，健全企业内控制度，通过审计查错纠弊，防微杜渐；另一方面，内部审计部门除了能发挥监督作用外，还可以提供相应的改进意见和建议，为企业科学决策做出参谋。

（4）建立积极向上的企业文化

真正的内控管理的成败不仅取决于制度设计是否完善，还取决于企业文化。企业文化是否积极向上，是内控制度是否能够有效执行的关键，它影响企业内控完成的水平。

积极向上的企业文化，能引导员工自发地为践行内控制度做出努力。一般来说，建立积极向上的企业文化包括引导员工树立正确的价值观念和工作理念，尊重、平等地对待员工。企业可以通过建立积极向上的企业文化以营造健康的工作氛围，进而降低内控失效的概率，保证内控有效实施。

（5）做好"不相容职务分离"控制

如果想让企业内控系统有效运行，CEO 就要做好"不相容职务分离"的控制。不相容职务是指如果只有一个人担任此职务，可能产生错误或舞弊等行为，也可能产生为了掩盖某种错误或舞弊等行为的职务。例如，某财务人员利用职务之便私吞了企业的财产，为了掩盖自己的"罪行"而做假账，这就属于典型的舞弊行为。

【实战指引】

CEO 设计"不相容职务分离"制度的两个关键点

第一，先了解哪些岗位和职务是不相容的，注意规避分离不相容职务产生的不良影响。

第二，明确各个机构和岗位的职责权限，进而使不相容的岗位或职务之间能够起到相互监督、相互制约的作用。

（6）构建良好的信息交流和沟通平台

良好的信息交流和沟通平台是实施企业内控的重要条件，能有效地提升内控实施水平。构建良好的信息交流和沟通平台，不仅有助于内控制度在各个层级、各个部门和各人员间及时传递，还会让彼此间的联系更紧密，同时也能更好地收集问题，以便及时解决问题。

（7）运营分析监控和改正

运营分析控制也是企业内控的重要措施之一。其主要内容是分析和监控企业日常的运营情况，包括企业的生产经营活动、投融资经营活动、财务活动等，通过对照分析、趋势分析等方式，了解其中的数据变动情况，并进一步了解这些变动是否在合理的范围内，哪些变动出现了问题等，在此基础上寻找原因并加以改正。

（8）建立重大风险和突发事件应急处理机制

重大风险和突发事件应急处理机制是企业内控系统中不可忽视的一项机制。虽然重大风险和突发事件不常常发生，但一旦发生就会给企业带来沉重的打击。因此企业要建立重大风险预警机制和突发事件的应急处理机制，制订应急预案，安排相关人员制订计划，提前做好应对方案，以便风险来临时企业能从容应对，妥善解决。

践行企业内控的八大措施能保障企业业务活动的有效运行，加强企业的管理，进而能帮助企业实现更好更快的发展。

6 资金风险及管控策略

很多专业人士常把企业资金比作人体中的血液，它流动在企业的各个部门和环节中。一旦资金出现问题，就会给企业带来致命的打击。因此，资金风险及管控就显得十分重要。

首先，我们先来分析一下企业资金管控会面临哪些风险。

一是 CEO 缺乏资金管理认识，没有制订翔实具体的管理计划，资金支配随意性强，使企业面临巨大的资金压力。

二是企业筹资决策不当，引发企业债务危机；或者是资金管理不到位，存在"占用"风险。例如，一些企业不顾资金周转的实际需要，大量存储定期存款，使资金周转困难，影响了企业的资金周转保障。

三是企业投资决策失误，导致企业资金受到巨大损失，甚至导致企业资金链断裂。例如，CEO 因对市场前景判断失误，花了很大一笔资金投资某一个"夕阳产业"，甚至为此中止了正在运行的项目的资金支持，而被投资的项目效益低下，给企业造成了难以弥补的损失。

四是企业资金分配不合理而导致企业陷入财务危机或资金冗余。

五是企业资金管控不严，导致财务人员发生徇私舞弊等行为，使企业的资金被挪用、侵占、抽逃，或企业遭受欺诈。例如，有的 CEO 为了一己私利而挪用企业资金，这种情况极易引起企业的资金危机，或有的企业的财务人员收款却不入账，据为己有，或与第三方不法勾结等。

以上几个资金风险会给企业的发展带来障碍，甚至是毁灭性的打击。因此，做好资金风险管控十分重要。要做好资金风险管控，CEO 需要做好以下工作。

（1）加强资金监管的力度

CEO 要加强对企业资金的监管工作。

具体来说，企业应选用可靠的资金管理人员，并对该岗位的工作人员进行法纪教育和业务培训，增强他们的法律意识和对资金管理规定的认识，从而引导他们遵守法律规定。

同时，CEO 也要加强资金管理人员的职业道德培养，"强法律意识"和"高职业道德"同行才是企业资金安全运行的保证。企业可开设相应课程，让资金管理人员了解资金风险的类型和主要表现形式，并通过具体案例让资金管理人员产生更深刻的认识，不断增强资金管理人员的风险意识，提高其判断资金风险的能力，并做到自觉抵御风险。

除此之外，企业也要明确制定触犯法律和规章制度的惩罚措施，让财务人员知道一旦涉险将付出沉重的代价，从而反向增强资金管理人员不敢触犯资金风险的意识。

（2）完善资金监督体系

很多资金风险的发生源于监管力度不足。因此，企业应完善资金监督体系。

【实战指引】

完善资金监督体系的方法

一是完善各项资金管理制度。例如，财务人员提取现金前需开具相关的证明，获得审批后才能提取现金，提取现金后也要有相关的单据存档和签字等。

二是严格按照制度执行。首先，CEO 要在企业内部上下贯彻"严格按照制度执行"的思想，引导员工从意识上建立起严谨的工作作风；其次，建立监督小组，进一步督促相关人员严格按照制度办事。

三是做好企业对账和结账工作。随着科技的发展，很多企业实行自动化对账。即使如此，企业还是需要安排相关财务人员根据对账条目一一检查，并做好核实工作。同时企业还要定期监督、检查对账人员的对账工作。

（3）注意防范市场投资风险

有的企业会因为投资不当而让企业遭遇资金风险。因此，在投资前，企业一方面要加强政策研究，了解市场经济的客观规律和当前市场发展情况；另一方面企业也要多学习、观察，做投资决策时不可冒进。

此外，企业还要做到事前对投资项目和方向进行详细深入的研究，了解相关政策、项目前景、财务风险等，并进行分析和评价，选择最优投资，以降低资金风险。

（4）注意防范企业融资风险

企业在融资过程中也易遭受资金风险，这就需要企业注意防范融资风险，对融资过程中可能遇到的风险进行评估和分析。具体来说，CEO 必须对市场融资环境和自身的融资能力进行判断，以提高融资决策的有效性。

同时，企业还需要确定一个融资限度以降低风险。一般来说，如果企业的融资量不够，就会影响企业的日常生产经营；但融资过多，也会增加企业的融资成本，降低企业的资金效益。因此，CEO 需要根据企业的实际情况制订融资量计划，根据现有资金的使用情况，确定筹资的数量，以降低融资风险。

总之，资金风险管控是企业内控管理的重要一环，CEO 需要根据企业的实际情况综合考量，最大限度地降低企业的资金风险。

7 采购业务风险及管控策略

采购是企业供应链管理过程中非常重要的一个环节。采购包括购入、包装、运输、存储、装卸和流通加工等过程。在采购过程中，也会出现相关采购风险。采购风险通常是指采购过程中可能出现的一些意外情况，包括人为风险、经济风险和自然风险。例如，采购产品过量，运输出现障碍，货物不符合订单要求，采购员"暗箱操作"、弄虚作假、收取回扣等不良行为，这些风险都会直接或间接地影响采购预期目标的实现。

下面，我们根据采购业务的起点、过程和终点等流程进行讲解，分析每一步可能遭受到的风险，并提供相应的管控策略，如图 5-5 所示。

（1）制订严谨的采购计划

一般来说，采购业务的起点是制订采购计划。如果采购计划不严谨甚至是没有采购计划，很有可能出现采购过量、采购不足或采购错误等情况。因此在制订采购计划环节，企业要做好以下两点。

一是采购人员首先要制订计划，确定自己要采购何种物料，需要准备什么资料、资质或手续等。因为有的材料是独家授权的或专有的，在购买这类材料时采购人员需要递交相应的资料或资质。

二是要科学实施采购计划。企业要根据当前的发展目标和用料需求严格计算出所需要的库存量，避免出现购买过量或不足的情形。

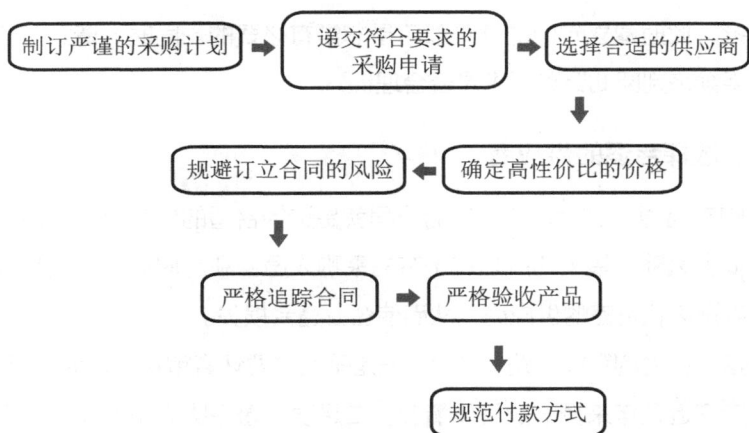

图5-5　采购业务风险控制流程

（2）递交符合要求的采购申请

采购计划制订完成后，采购人员要向企业的生产经营部门递交自己的采购申请。这一阶段面临的采购风险有：申请文本不符合要求、申请未严格按照规定审批等，导致采购计划受到阻碍，影响企业的正常经营。此时，企业要做好以下两点。

一是采购人员要递交符合要求的采购申请。

【实战指引】

采购申请审核的 3 个关键

一是采购申请是否按照生产经营的实际需要制定的。

二是采购申请是否符合当期的采购计划。

三是采购申请内容是否合理、准确，即是否按照标准的采购文本执行等。

对于不符合标准的采购申请企业的生产经营部门要予以退回，并给出具体的反馈建议。

二是建立请购部门。当企业需要进行采购（尤其是大批量采购）时，需要相关部门审批，此时建立专门的请购部门是非常有必要的。同时，请购部门要严格按照请购手续来判断此请购需求是否合理。

（3）选择合适的供应商

当采购申请通过之后，接下来的流程就是选择合适的供应商。选择供应商环节会面临很多风险。最大的风险在于有的采购人员会利用职务之便徇私舞弊，选择不合适或资信状况差的供应商，从而使企业遭受损失。

针对这一行为的管控策略有两个：一是采购方要认真审查供应商的资信情况，了解该供应商近几年来资信的具体情况；二是要监督采购人员的购买行为，并实行权责制，建立惩罚机制。

在了解供应商的资信情况之后，采购方就要择优选择供应商。此时采购方可以根据供应商提供的物料的质量、价格、交货方式和时间，以及该供应商的资信情况、经营现状等信息进行综合考量，择优选择。

（4）确定高性价比的价格

选择好供应商之后，就要确定采购产品的价格。有的采购人员因为没有提前做好相关的准备或调查工作，从而使采购的产品价格过高，进而给企业造成损失。

针对这种情况管控策略有以下两点。

一是通过进行招标采购或询比价采购等，以获得高性价比的产品。其中询比价采购是指采购方同时向一家或多家供应商发出询价单，多家供应商报价后，采购方通过比质比价并与供应商进行谈判，从而确定最终合作的供应商的采购方式。它的优势在于一是能够在同一时间向更多供应商发布询价单；二是自动化程度高，系统会根据多家供应商的报价结果自动生成比质比价表供采购方打印审批，这很方便快捷。

二是建立采购价格数据库。因为考虑到产品成本会随着市场价格的波动而起伏，所以采购部门要建立采购价格数据库,定期分析市场价格走向,以确定一个合理的价格。

（5）规避订立合同的风险

价格确定好之后，采购方和供应方会订立采购合同。此时也会存在诸多风险，如合同内容存在重大疏漏和欺诈行为等，致使企业的合法权益受到损害。

针对这一情况的管控策略是企业在签订合同之前就对供应方的资信情况进行风险评估，同时引用竞争制度，增强供应方履行合约的决心。另外，涉及专业性领域问题的合同，尤其对于影响重大且专业性强的合同，采购方需要寻求专业人士帮忙鉴定，以降低风险。

（6）严格追踪合同

确定好合同之后，接下来采购方就要严格追踪合同。采购方需要查看供应方是否按照合同的规定进行发货、运输等，以减少纰漏、降低风险。

具体的管控策略是采购方要跟踪合同的进展情况，如如果供应方没有选择合同安排的运输工具和运送方式，采购员就要采取必要的措施，落实到责任人等。

（7）严格验收产品

等货物运送完毕，采购方就需要验收产品，以确保货物是按照相关规定送达的。这一过程面临的风险有验收标准不到位、程序不规范、异常情况处理不到位等，使账实不符、企业遭受损失。

　　针对这一情况的管控策略是采购方要制定明确的采购验收标准，并检查采购合同和检验标准，对符合规范的物料和不符合规范的物料进行区别处理。如果发现不符合规范的物料，采购方要与供应方及时沟通，寻找对策。

（8）规范付款方式

　　验收产品之后，就到了付款环节。此时面临的风险有因付款方式不恰当、付款金额不到位等，使企业的资信受到损害。

　　针对这一情况的管控策略是采购方要合理地选择付款方式，严格按照合同规定履行。同时要注意审查采购发票等票据的真实性和合理性，做到有凭有据支付。

　　总之，虽然从表面上看采购业务只是将货物从供应商手中买入，但是其背后有众多需要注意的细节，这就需要采购方严格遵守规章制度，以管控风险。

8 销售业务风险及管控策略

　　在企业运营中，销售方将产品销售给客户，产品进而转化为资金，使企业能够自如运转。一般来说，销售业务包括以下流程：销售方接收到客户需求，于是创建销售订单，接着进行库存检查和客户方资信额度检查，最后发货过账。销售业务流程中的各种行为的发生都伴随一定的风险，具体来说有以下 6 种风险。

　　一是客户方的要求不符合销售方的授权标准或销售方不能很好地完成客户方的请求。例如，客户方希望销售方按照其要求生产制作某款产品，但销售方当前未能够掌握制作该款产品的生产技术，这种情况下销售方就不能很好地完成任务。

　　二是客户方要求的订单量过大，销售方生产力不够，在约定期限内并不能将产品全然供应。此时销售方不仅可能会错失一个大单子，还会导致企业的信誉受损。

三是客户方的资信不高。很多企业应收账款过多的原因之一在于没能及时考察客户方的资信情况，以致追款遥遥无期。客户方资信不高，意味着账款可能难以及时收回，这也是销售方需要考虑和承担的风险。

四是当销售方并未按照合同要求发货时，也会面临风险。例如，销售方因为各种原因没能及时发货或将货物发错地方或发错客户等，不仅耽误时间、损耗金钱，还会影响客户方对销售方的评价。

五是当客户成功收到货物后，应收账款却出现了问题。例如，客户方的未缴纳资金未及时打入销售方的账户，使企业面临资金周转不灵或遭受恶意欠账的危险。

六是售后服务的风险。例如，因缺乏沟通或反馈不及时等，导致售后问题没能及时解决，引发客户的负面情绪。这种情况大大降低了销售方在客户心中的好感，同时也降低了再次合作的可能。

针对销售业务风险，销售方要采取积极有效的措施予以防范和控制。具体要结合销售业务过程中出现的问题和企业自身的实际情况进行具体分析，制定适当的管控策略，明确创建订单、备货、发货、收款、售后等环节的具体职责和相关责任人，落实到位，以便出现问题时能及时确认，迅速解决。

企业要针对销售活动展开定期或不定期的总结分析，了解销售业务常在哪一个环节出现问题，分析其原因并寻找有效的解决办法。

我们通过以上销售业务风险分析了解到客户方资信情况对销售方有着重要影响。尤其对于一些与企业有着重大战略合作关系的客户方，当这类客户的订单占据企业总订单较大的比例时，一定要及时掌握客户方的资信情况。一旦这些客户发生资信危机，往往会使企业方遭受巨大的损失。

因此销售方要充分考量客户方的资信，做好相关的准备工作，尽可能地选择资信良好的客户方，以降低客户回款不及时和遭受欺诈的风险。同时，要与客户方明确收款方式和回款日期，并将一些意外情况纳入其中。例如，增加"客户方因为各种原因不能及时回款，则客户方在最终回款时要增加10%的欠款"等类似的合同条款。

此外，销售方还要建立健全客户方资信档案，掌握客户方的信贷情况和近年来的变动情况，综合判断客户方的资信情况。此时销售方可以根据资信情况将客户方分为 A、B、C、D4 个等级，如表 5-2 所示。

A 等级是无风险客户，一般是资金雄厚的大型企业，无不良拖款等行为。针对这类客户，企业可与其保持稳定合作。

B 等级是可接受风险客户，一般为中型企业，资信良好。针对这类客户，销售方要定期更新对方的资信情况，然后参考其最新的资信情况再决定是否合作。

C 等级客户为高风险客户，有不良拖款的行为和记录。针对这类客户，销售方在合作前要严格审核该类企业的资信情况。

D 等级是超风险客户，资信差，常出现拖款行为。针对这类客户，销售方要避免与其合作。即使与其合作，也要选择现金交易，不给对方欠款的机会。

表 5-2　客户等级的表现和合作态度

客户等级	表现	合作态度
A（无风险客户）	资金雄厚的大型企业，无不良拖款行为	稳定合作
B（可接受风险客户）	中型企业，资信良好	定期更新企业的资信情况
C（高风险客户）	有不良拖款的行为和记录	合作前严格审核企业的资信情况
D（超风险客户）	资信差，常出现拖款行为	避免合作，如合作尽量选择现金交易

需要注意的是，市场信息不断变化，销售方也要以发展的眼光看问题，这就意味着销售方要动态追踪客户的情况。对于资信好的客户要加强合作，而对违约严重的客户，则要及时止损。

另外，销售方还要建立健全售后服务系统，分配专门的人员去跟进售后服务这一个环节。一旦客户方反映产品的相关情况，如产品出现纰漏、发错地址、产品变质等情况时，一定要及时真诚地回应并提出有效的且倾向于客户利益的解决办法，消除客户的负面情绪。这样做是为了及时且快速地解决问题，并赢得客户的信赖，为企业树立正面的形象。

　　总之，产品销售过程既充满各种机会，又存在许多风险。因此，CEO 和相关的销售人员应积极分析和研究环境变化可能带来的风险，及时发现风险，规避风险，最大限度地减小损失。

9 工程项目风险及管控策略

　　工程项目是以工程建设为载体的项目，常以建筑物或构筑物为目标产出物，是作为被管理对象的一次性工程建设任务。一般需要支付一定的费用、按照一定的程序、在一定的时间内完成，并应符合质量要求。工程项目一般针对的是建筑型企业。在工程项目投资开发、实地施工的过程中，也会遭受各种风险，如受国家政策环境变动的影响、项目实施过程中出现的技术问题、质量问题等，这些都会给工程项目带来一定的风险，一旦发生风险不仅工程项目难以继续下去，相关人员和部门也要承受巨大的经济损失，甚至还会受到法律的制裁。

　　一般来说，工程项目的风险有 5 个，需要项目负责人做好准备，如图 5-6 所示。

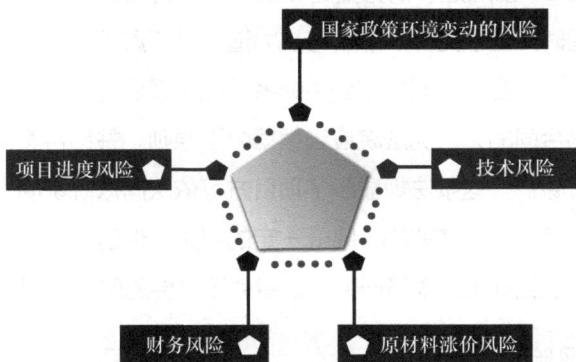

图 5-6　工程项目的 5 个风险

（1）国家政策环境变动的风险

例如，某一工程项目在 2018 年正式开始施工，但在 2019 年年中，国家颁布了新的环保政策，而该工程项目不符合新环保政策，自然就会被叫停，甚至是完全拆除。这就是政策环境所带来的影响。或者工程项目在施工的过程中安全文明存在措施不到位、扬尘控制不达标、违法土方外运等情况，这些一经发现自然就会被限制继续施工。

【实战指引】

工程项目的政策风险管控策略

一是项目管理者在工程项目开始之前，要多研究学习相关的法律政策，确保所要开展的项目是符合相关政策法规的，同时还要密切关注相关法规政策的变动情况。

二是如果所要展开的项目涉及与外国合作，还需要了解合作国家的法律法规和政策，以确保项目实施的可行性。

值得提出的是，《最高人民法院关于适用〈中华人民共和国合同法〉若干问题的解释（二）》第 26 条规定了情势变更原则，即"合同成立以后客观情况发生了当事人在订立合同时无法预见的、非不可抗力造成的不属于商业风险的重大变化，继续履行合同对于一方当事人明显不公平或者不能实现合同目的，当事人请求人民法院变更或者解除合同的，人民法院应当根据公平原则，并结合案件的实际情况确定是否变更或者解除。"这条法规显示了项目方可依法向法院说明工程项目在实施过程中出现的特殊情况，协商解决，降低一定的损失，但这里我们强调的是企业方在工程项目施工之前就要做好政策研究，以避免不必要的风险和纠纷。

（2）技术风险

技术风险是指项目在进行的过程中，由于技术方面的原因造成的风险。例如，技术不成熟，使项目难以按照预期完成或不能生产合格的产品；因技术人员突然离职或其他原因不能继续完成项目，使该项目需要重新找人合作等。

【实战指引】

工程项目的技术风险管控策略

一是要提高员工技术的成熟性和先进性，同时要在项目开展前将技术风险和防范措施纳入重点考虑范围。

二是项目组成立一个技术顾问团队，引入专业的技术人员，在必要时提供帮助和技术支持，保障项目能平稳地进行下去。

（3）原材料涨价风险

因为工程项目的开展需要各种原材料的支撑和补给，而原料量的价格又会受到市场价格和供需变化的影响，所以原材料涨价或供给不足也是工程项目常常遭遇的风险之一。

【实战指引】

工程项目的原材料涨价风险管控策略

一是要做好市场调研，了解项目所需的原材料在市场上的情况和价格变动趋势，提前有一个心理准备，也可提前想好应对策略。

二是项目方可与多家资料供应商保持联系，以备不时之需。

（4）财务风险

财务风险是指项目在实施过程中，由于资金周转不畅、资金融通受阻等原因造成的资金短缺或超出投资预期而使项目难以继续的情况。

【实战指引】

工程项目的财务风险管控策略

一是项目的负责人在启动项目之前就做好资金预算，最大限度地筹集资金，以避免在工程项目进行到后期时资金不足，使项目停滞甚至功亏一篑。

二是项目的负责人在对项目监控的过程中，分析项目在各个阶段所使用的资金是否合理且在预期的范围内。如果发现现金流的支出不符合预期或超出预期时，负责人要及时做出分析并寻找解决方案。同时，项目管理人要制订翔实的成本控制计划，严格监控工程项目实行的各个期间的资金使用情况。一旦发现超预算情况，就要立即纠正错误。

三是项目的负责人要有关注利率变化的意识，并且要提前采取措施。

（5）项目进度风险

项目进度风险是指工程项目在实施的过程中，因为某个环节出了问题或其他原因而拖延了整个项目的完成时间的风险。这种情况的发生不仅会增加时间、人力、物力等成本，还会耽误原定项目完成后的工作。

【实战指引】

工程项目的进度风险管控策略

一是项目负责人做好项目进度计划管理，严格监督项目完成的进展情况。一旦发现施工人员出现窝工情况，立即指正，使进度可控。

二是明确奖惩制度，让制度"监督"施工人员。

根据以上分析，我们了解到工程项目会遭受政策环境风险、技术风险、原材料涨价风险、财务风险和项目进度风险等。因此，项目负责人要做好风险管控工作，降低风险出现的概率，并且提前做好应对策略。即使风险发生或项目进程中出现新情况，也能降低损失的程度，使遭遇风险的后果不至于恶化。

10 合同管理风险及管控策略

合同既是企业对外经济交往的基本载体，也是双方出现分歧时解决问题最好的凭证。企业在合同管理的过程中，从合同的洽谈、草拟、签订和生效，直至终止，中间伴随着太多的风险。例如，项目管理人员对合同流程和具体条款不明晰，使对方钻了空子，且企业也无法按照合同的规定进行索赔，进而使企业利益受到损害。

因此，CEO 要全方位重视，将防控手段贯彻落实到合同管理的全过程，尽可能降低合同管理的风险，为企业争取最大的权益。

接下来，针对合同管理过程的各个环节可能遭遇的风险进行分析，并提供相应的管控策略，如图 5-7 所示。

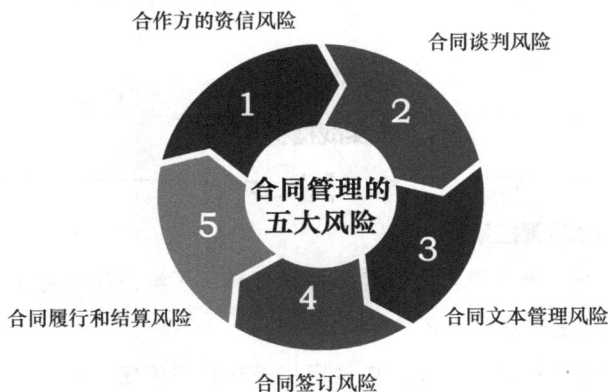

图 5-7　合同管理的五大风险

（1）合作方的资信风险及管控策略

有的企业方的合同负责人在签订合同前，不注重审查或者无法正确识别合作方的资信情况。例如，有的合作方会做出虚假资质证明，如果合同负责人识别不当，很容易造成合同无效，给企业带来巨大的损失。

【实战指引】

合同方的资信风险的管控策略

一是企业方的合同负责人要严格审查对方的身份证件、资质证明书、营业执照、授权委托书等证件，避免对方造假。

二是企业方的合同负责人可与合作方的主要供应商、开户银行和工商管理等部门进行核实，了解合作方具体的生产经营情况、商业信誉和履约能力。

（2）合同谈判风险及管控策略

合同谈判风险是指因谈判人员缺乏经验或相关专业知识不足或在重大问题上态度不坚定并做出不恰当的让步等，使企业方在谈判中处于不利地位或让企业利益受损等风险。

【实战指引】

合同谈判风险的管控策略

一是合同谈判人员在谈判前要充分搜集资料，了解并熟悉合作方的情况，其中了解对方的意图是关键的一环。

二是合同谈判人员在谈判过程中要密切关注合同的核心内容、条款和细节，每一条都要仔细斟酌，遇到有争议的地方要及时提出，双方进行有针对性的沟通直至最终确定合同内容；

三是为了防止合作方推卸责任，在谈判时不要轻易接受对方的免责条款，而对于对方强加给己方的责任，也要视情况决定是否接受。

（3）合同文本管理风险及管控策略

合同文本的风险具体有：权责不清、具体条款表述不明确、存在语言漏洞或歧义、条款过于简化等。

【实战指引】

合同文本管理风险的管控策略

一是双方要按照规范和标准做出修改，并当面确定有歧义的地方。

二是合同内容要合规、合法，重大合同或法律关系复杂的合同要请专业的人员参与。

三是合同要明确，规则分明，责任到人。

需要强调的是，考虑到重大突发情况或合作方的恶意违约等问题，如对方发生重大的安全事故或对方严重拖欠该支付的工程款等，企业方要在合同中保留自己解除合同的权力。

（4）合同签订风险及管控策略

合同签订风险有对方签署合同的方式违法或无效、合同印章管理不善、签署后的合同被篡改等。

【实战指引】

合同签订风险的管控策略

一是确定合同是由企业法定代表人或授权委托人签名并加盖公章。如果是由授权委托人来签字，必须有正式的授权委托书和身份证明等。

二是为了防止遭到涂改，签署合同时禁止用可涂抹的笔来签字。

三是合同要去国家有关部门进行审查或备案，走法定程序。

（5）合同履行和结算风险及管控策略

合同履行环节是合同管理的重点，也是问题高发环节。例如，对方违约或未结清剩余款项，造成企业方经济损失；企业方违约，被对方索要赔偿；因合同变更、转让、解除等未履行审批手续，致使合同纠纷；未能按照合同规定的时间完工；未能及时催收到期合同款项等。

【实战指引】

合同履行和结算风险的管控策略

一是在合同实施前进行合同交底，让项目管理人对合同有一个全面而正确的认识，并针对风险点和薄弱环节制定相应的管控策略。

二是制订翔实的合同履行计划，要求双方严格按照合同约定进行施工、付款等。

三是要对合同履行情况进行持续跟进，如果遇到特殊情况要立即采取措施，并且多搜集有利于企业方的信息、资料和证据等，以备不时之需。

四是在合同履行期间，如果遇到不科学、不明确之处要采取补救措施，并与对方进行沟通以获得理解。

五是一经发现对方有恶劣行为，如转移财产、丧失商业信誉等，监督人要积极向上级和企业报备，积极采取措施。

　　六是要禁止未签合同而先履行合同内容，一切都要在签订合同的前提下进行。

　　七是为了防止印章滥用等违规行为，印章的保存和使用要实行专人专管。

　　总之，合同管理风险的细节众多，需要合同管理人员有足够的耐心和细心对待每一个条款、每一个字，只有这样，才能让企业避免遭受损失。

第六章

财税管理：
新财税体制下，如何减税
降费？

　　企业在经营的过程中会涉及众多的税务，因此 CEO 也要学习财税管理，了解在新财税体制下，如何减税降费，正确处理财税问题，注意防范风险，避免企业利益受到损害。

1 新财税政策应该关注哪些方面？

国家的财税政策对企业发展来说有着举足轻重的影响。任何企业的经营都要根据相关的财税政策不断地做出调整，以规范企业的行为。2018 年新财税政策颁布以来，企业经营者需要重点关注以下内容。

（1）国地税合并

2018 年 3 月 13 日，第十三届全国人民代表大会第一次会议在人民大会堂举行第四次全体会议，提出："改革国税地税征管体制。将省级和省级以下国税地税机构合并，具体承担所管辖区域内的各项税收、非税收入征管等职责。国税地税机构合并后，实行以国家税务总局为主与省（区、市）人民政府双重领导管理体制。"

2018 年 6 月 15 日上午，全国各省（自治区、直辖市）级以及计划单列市国税局、地税局合并且统一挂牌。2018 年 7 月 20 日，全国省市县乡四级新税务机构全部完成挂牌。

国地税的合并对企业产生了巨大的影响。具体表现在企业可一次性办完业务，而不用分两步进行，这既为企业节约了时间，又有利于减少争议。

需要企业重点关注的是，国地税合并后，有关企业税务方面的监管将更多、更全面。以前企业在个别税务方面存在的一些小问题可能会因为监管机构不明确而不被深入追究，但国地税合并后，这种情况将不复存在。

此外，国地税合并后，企业全税种纳税信息也将被合并到同一个系统中，从而可以实现对比分析。同时，国地税联合进行全税种稽查也变得更加便捷，行动次数也会越来越多。这些都表明，国家对企业合法、合规经营的要求更高了，企业的违法成本也将越来越高。

所以，国地税合并后，CEO 不可再存有侥幸心理，在财税经营方面一定要合法、合规。

（2）增值税改革

增值税改革也是企业需要关注的重点。具体来说，对企业产生重要影响的有以下两点。

一是降率，2018 年 5 月 1 日起，我国将 17% 和 11% 两档增值税税率分别下调 1 个点。降低税率有利于提高企业的利润率，增加企业的资本积累，让企业没有负担地发展。

二是统一小规模纳税人标准，年应税销售额标准统一到 500 万元。

统一小规模纳税人标准使税务办理流程更简洁，企业也因此获得了更多的自主权，享受到了更多的优惠政策。

（3）小规模纳税人自行开具增值税专用发票试点范围扩大

按照《国家税务总局关于扩大小规模纳税人自行开具增值税专用发票试点范围等事项的公告》（国家税务总局公告 2019 年第 8 号）规定，自 2019 年 3 月 1 日起，住宿业，鉴证咨询业，建筑业，工业，信息传输、软件和信息技术服务业，租赁和商务服务业，科学研究和技术服务业，居民服务、修理和其他服务业的所有小规模纳税人均可以自愿使用增值税发票管理系统、自行开具增值税专用发票，不受月销售额标准的限制。

增值税专用发票只对一般纳税人有价值，因为一般纳税人可以依此作为进项税额冲减销项税额的依据，而它对小规模纳税人的意义则只是作为成本入账。之前，一般纳税人可以自己开具增值税专用发票，而小规模纳税人若想开具增值税专用发票则必须要到税务局代开。现在允许八大行业的所有小规模纳税人自愿使用增值税发票管理系统，这样既省去了小规模纳税人的工作量，又给予了它们一定的自主权，减轻了企业的事务压力。

更重要的是，开具增值税专用发票不受月销售额标准的限制，这既减轻了小规模纳税人的压力，又进一步激发了其创业创新活力，促进了小微企业的发展。

当然，企业需要注意的是，自愿使用增值税发票管理系统、自行开具增值税专用发票、不受月销售额标准的限制并不意味着没有限制条件。自行开具增值税专用发票有一个限制条件，即企业月销售额超过 3 万元（按季超过 9 万元）。同时遵循"环环抵扣"的原理，即上游交税下游抵扣，上游免税则下游不能抵扣。如果企业此时尚未超过规定的 3 万元销售额标准，则仍需要向税务机关申请代开增值税专用发票。此外，如果企业销售其取得的不动产，也需要向地税机关申请代开增值税专用发票。

（4）发票不再属于唯一扣税凭证

一般来说，企业发票常作为唯一扣税凭证，但新财税政策规定，发票不再属于唯一扣税凭证。因为企业在经营活动中会遇到对方失联而未开具发票的情况。此时税务机关会根据以下条件帮助企业方税前扣除相应的税额。

一是合同或协议凭证。

二是对方为非正常经营户等证明资料。

三是采取非现实方式支付的付款凭证。

四是货物入库、出库的内部凭证等。

这里需要强调的一点是，现金支付人若采用单位账户的微信、支付宝支付，则不视为现金支付；若采用员工个人的微信、支付宝支付，则视为现金支付。

（5）印花税的变化

自 2018 年 5 月 1 日起，对按万分之五税率贴花的资金账簿减半征收印花税，对按件贴花五元的其他账簿免征印花税。同时，根据《中华人民共和国印花税暂行条例》的规定，下列印花税实行税收优惠政策，主要分为免征和暂免征，如表 6-1 所示。

表 6-1　印花税优惠政策

优惠政策	范围
免征	1. 已经缴纳印花税的凭证的副本、抄本，但是视同正本使用者除外； 2. 财产所有人将财产赠给政府、抚养孤老伤残人员的社会福利单位、学校所立的书据； 3. 国家指定的收购部门与村民委员会、农民个人书立的农副产品收购合同； 4. 无息、贴息贷款合同； 5. 外国政府、国际金融组织向中国政府、国家金融机构提供优惠贷款所书立的合同； 6. 企业因改制而签订的产权转移书据； 7. 农民专业合作社与本社成员签订的农业产品和农业生产资料购销合同； 8. 对商店、门市部的零星加工修理业务开具的修理单
暂免征	1. 农林作物、牧业畜类保险合同； 2. 书、报、刊发行单位之间，发行单位与订阅单位、个人之间书立的凭证； 3. 房地产管理部门与个人订立的、用于生活居住的租房合同； 4. 铁路、公路、航运、水路承运快件行李、包裹开具的托运单据免征印花税； 5. 企业与主管部门等签订的租赁承包经营合同（不属于财产租赁合同）； 6. 经国务院和省级人民政府决定或批准进行政企脱钩、对企业（集团）进行改组和改变管理体制、变更企业隶属关系，国有企业改制、盘活国有企业资产、发生的国有股权无偿划转行为

印花税的优惠政策给企业带来了实实在在的优惠和利益，减轻了企业的负担。

（6）职工教育经费税前扣除政策

根据国家税务总局发布的《财政部　税务总局关于企业职工教育经费税前扣除政策的通知》的规定，为鼓励企业加大职工教育投入，自 2018 年 1 月 1 日起，企业发生的职工教育经费支出，不超过工资薪金总额 8% 的部分，准予在计算企业所得税应纳税所得额时扣除；超过部分，准予在以后纳税年度结转扣除。

（7）环保税开征

自 2018 年 1 月 1 日起，《中华人民共和国环境保护税法》施行。在中华人民共和国领域和中华人民共和国管辖的其他海域，直接向环境排放应税污染物的企业、事业单位和其他生产经营者为环境保护税的纳税人，应当依照《中华人民共和国环境保护税法》的规定缴纳环境保护税。在征税对象上，环保税与目前的排污收费项目相当，包括大气污染物、水污染物、固体废物和噪声 4 类。

这一财税政策有利于构建"绿色"税制，其总体思路是由"费"改"税"，引导企业算经济账和环保账，增强环保意识。

（8）科技成果转化奖励个税政策

根据财税 [2018]58 号中的科技成果转化奖励个税政策规定，自 2018 年 7 月 1 日起，非营利性科研机构和高校从职务科技成果转化收入中给予科技人员的现金奖励，可减按 50% 计入科技人员当月"工资、薪金所得"，依法缴纳个人所得税。

这一财税政策直接反映了国家对"大众创业，万众创新"的支持，进一步促进了科技成果转化。同时，也能有效地提高劳动者素质，促进企业和个人的高质量发展。

以上是新财税政策出台后，对企业产生深刻且直接的影响的 8 个关键点，除了这些，新财税政策还有很多系统、详细的政策值得企业关注和学习。因此，CEO 一定要建立了解和学习的意识，不仅要求、组织财务人员及时关注学习新财税政策，自己也要主动关注和学习相关政策。关注、学习最新的财税政策不仅能在一定程度上降低企业的纳税负担，还能在发生风险时寻找相关的法律法规作为支撑，帮助企业在秩序内有序发展。

2 新财税政策下的 3 种法律关系

新财税政策的颁布和运行，也深刻地影响了 3 种法律关系，即劳动关系、劳务关系和经济关系。这 3 种法律关系也直接影响着企业的运行和发展。为了让企业行为更符合国家相关法律的规定，企业要在新财税政策下处理好这 3 种法律关系，进而达到规范经营、减税降费的目的。

【实战指引】

3 种法律关系的解读公式

劳动关系 = 劳动合同 + 工资支付 + 社保缴纳

劳务关系 = 劳务协议 + 劳务费用 + 意外风险防范

经济关系 = 承包 / 承租协议 + 承包费用 + 自行承担风险

CEO 一定要重点关注新财税政策对 3 种法律关系的规定和影响，在合法、合规的范围内处理好这 3 种法律关系。

（1）劳动关系 = 劳动合同 + 工资支付 + 社保缴纳

劳动关系是指劳动者与用人单位依法签订劳动合同而在劳动者与用人单位之间产生的法律关系。不少 CEO 出于对自我利益的考量而不和员工签订劳动合同。因为签订劳动合同就意味着企业必须要按照劳动法的相关规定为员工缴纳社保，这对企业来说是一笔不小的支出。另外，如果企业与员工没有签订劳动合同，双方在发生劳动纠纷时，企业可以相对规避较重的惩罚。

除了不按照规定签订劳动合同外，企业还会出现不给员工缴纳社保，工资逾期支付等现象。这些违法行为在新财税政策下将会受到更严重的惩罚，危及企业的信誉。

《中华人民共和国社会保险法》第八十四条规定，未按照劳动合同约定提供劳动保护或者劳动条件的，不用书面通知，由社会保险费征收机构责令限期缴纳或者补足，对其直接负责的主管人员和其他直接责任人员处 500 元以上 3000 元以下的罚款；逾期不改正的，则由用人单位赔偿损失。第八十六条规定，用人单位未按时足额缴纳社会保险费的，由社会保险费征收机构责令限期缴纳或者补足，并自欠缴之日起，按日加收万分之五的滞纳金；逾期仍不缴纳的，由有关行政部门处欠缴数额一倍以上三倍以下的罚款。

所以，新财税政策下的劳动关系，强调的是企业要和员工签订合法的劳动合同，同时按照法律规定及时支付工资、缴纳社保。

（2）劳务关系 = 劳务协议 + 劳务费用 + 意外风险防范

劳务关系是劳动者和用工单位根据口头或书面约定，劳动者向用工单位提供一次性服务或特定的劳动服务，用人单位依据约定向劳动者支付相应的劳务报酬的一种有偿服务的法律关系。

不少人常混淆劳动关系和劳务关系的概念，这里我们具体分析一下两者的区别。

【实战指引】

劳动关系和劳务关系的区别

一是劳动关系发生在企业内部，且从属于用人单位，而劳务关系可以建立在自然人之间，双方的从属性也很微弱。

二是员工签订劳动合同至少拥有最低薪资，而劳务关系中的劳动者则无法享受到最低工资、工作时长和休假等待遇。

三是劳动关系中的劳动者会跟用人单位签订正式的合同，而劳务关系的中自然人一般为临时工作人员，双方只是口头约定或签订简单的劳务协议。

例如，某电视台旗下签约了新演员，因为双方有长期合作关系，且签订了正式的劳动合同，那么此时双方是劳动关系。而如果该电视台邀请某个明星参与一期节目录制，那么此时双方会签订劳务协议。协议的内容包括工作内容、工作报酬、支付方式，节目录制后电视台根据协议支付该明星薪酬。

不少企业也因为劳务关系与劳动者产生过纠纷，如劳务协议纠纷、劳务费用支付纠纷等。具体表现在协议有漏洞或有歧义，双方争执不下；劳务费用范围和支付方式有争议等。

另外，当劳动者在协议执行期间发生意外风险时，如何界定意外风险的性质？是由用工单位全责承担，还是由用工者承担，或者由其经纪公司承担？这些都会出现较大的争议。

【实战案例】

某企业聘请了一位明星拍摄广告，企业与该明星所在的经纪公司签订了劳务协议。该明星在拍摄广告期间出现了晕厥，因抢救不及时而去世。

在这个案件中，出现了三方主体，明星、经纪公司和用人单位。如何认定这三方主体的责任？这就需要结合法律关系来分析。可以确认的一点是，如果企业方没有对工作内容、工作时长做明确划分，同时也没有考虑到意外风险的存在，并做好相关的防护措施，那么就很容易招致争议和风险。

所以，当企业和对方建立劳务关系时，双方要认真协商劳务协议，不仅要明确内容、劳务费用等，还要对某些不可预知情况进行商讨，并做好意外风险防范措施。例如，企业方可以根据临时工的工作内容做好相关防范，当工作强度很大时，可配备专业的救护人员或救护车等。

（3）经济关系 = 承包 / 承租协议 + 承包费用 + 自行承担风险

经济关系也是企业需要重点关注的法律关系之一。很多企业在经营时，会承包业务、承租对方的房产等，在这中间自然会产生承包费用，也会让企业陷入各种潜在的经济风险中。例如，企业方不注重签订承包 / 承租协议，或者签订承包 / 承租协议不规范，双方在承包费用的支付方式、支付金额上存在一定的争议等，这些都会增加企业的风险。一旦风险发生，企业就需要自行承担风险。

所以，企业要按照法律规定，与对方签订承包 / 承租协议，同时按照协议规定支付承包 / 承租费用，有效降低企业的风险。

总之，无论建立哪种法律关系，企业在生产经营期间，都一定要遵循国家的法律法规。否则，企业不仅要面临高额的罚款，还会信誉受损，严重时甚至会走向破产。

3 企业暂时没有收入，可以不报税吗？

不少中小型企业尤其是初创企业、小微企业，发展较为缓慢，可能会出现企业注册后很长一段时间没有收入的情况。面对这种情况，不少 CEO 也许会问："企业暂时没有收入，可以不报税吗？"

答案当然是"不可以"。企业即使暂时没有收入，也还是要坚持报税的。

《关于印发〈纳税人财务会计报表报送管理办法〉的通知》（国税发[2005]20号）规定，从事生产、经营的纳税人，无论有无应税收入、所得和其他应税项目，或者是否在减免税期间，都应当按照规定报送财务会计报表。没报送的，按照《中华人民共和国税收征收管理法》第 62 条规定，处 2000 元以下罚款；情节严重的，处 2000~10000 元罚款，同时影响纳税信用等级。

【实战指引】

企业不报税会存在 3 级风险情况

一是在国家规定时间内做账报税且情节较轻的，企业应该补缴税款，税务机关还会对企业进行每月 200 元以上的罚款。如果逾期未支付，还需要缴纳滞纳金。情节严重者将面临更高的罚款。

二是连续 3 个月不到税务登记机关纳税申报的，税务机关有权锁死甚至是注销该企业的税务登记。税务登记一旦注销，企业的所有证照都会因为税务登记的注销而相继作废。

三是一旦税务非正常注销及各证照相继被迫作废，企业法人及所有股东的身份证信息将被相关登记机关收录，进入黑名单，这对以后的贷款、再次投资创业、出国等都将产生恶劣影响。

　　所以，企业即使暂时没有收入，也要按照规定及时报税。如果企业不及时做账报税，就要花费更多的时间、精力和成本去处理做账报税的相关事宜，不仅需要补交所欠税款，还会面临罚款。更重要的是，企业还会被纳入逾期申报罚款名列，信誉等级也会不断下降。这些都是企业不愿意看到的。

　　一般情况下，企业的增值税和所得税是按期申报的，企业即使没有经营业务也必须申报。小规模纳税人一般按季申报，即在季度结束次月的 15 个工作日内申报。一般纳税人增值税则按月申报，即在月度结束次月的 15 个工作日内申报；一般纳税人企业所得税是按季申报，即在每季度结束后的 15 个工作日内申报；每年 5 月 31 日之前，还要申报企业所得税年报。

　　不少 CEO 觉得企业没有开展业务，也无收入，却要缴纳税款，有些难以理解。其实不然，申报纳税和实际缴纳税款是两个不同的概念。申报纳税只是登记了税务信息，在规定的时间内进行申报，但这一行为并不一定会产生税款。

　　此时，一些 CEO 就会打起小算盘："那我能不能进行'零申报'？"

　　首先，"零申报"需要满足的条件是纳税申报的所属期内，企业收入和成本、费用都为 0。但是，只要一家企业在运营，即使没有业务往来和收入，还是会产生员工工资、办公室租金、水电费、通信费用等基本费用的，因此不存在"零申报"的情况。

　　即使企业一时钻了空子成功进行"零申报"，但长期发展下去，这种行为只会把企业往绝路上带。首先，按照规定，现实连续 3 个月"零申报"属于异常申报，会被列入重点抽查对象；其次，《公司登记管理条例》第 62 条规定：公司成立后无正当理由超过 6 个月未开业的，或者开业后自行停业连续 6 个月以上的，由公司登记机关吊销营业执照。

　　总之，企业开业后即使暂时没有收入，也不能因为贪图一时利益或不懂相关法律规定，而做出不报税或隐瞒报税的举动。这一行为获得的蝇头小利反而会将企业、股东和管理者自身陷于不义，折损更多的利益。

4 财税管理：如何规范合同签订

合同是企业与平等主体的自然人、法人和其他组织之间，企业内各平等主体之间设立、变更、终止民事权利义务关系的协议，还包括基于交易关系发生的对外商函、报价单、委托书、证明以及各合同附件等。

一般来说，合同内容涉及各方利益且专业性强，很多企业因不能规范签订合同而牵扯出各种问题，给企业带来风险和损失。因此规范合同签订是非常重要的工作。

首先，企业在签订合同前，要仔细研究合同的具体条款和明细，针对质疑点做进一步思考和记录。同时，在浏览的过程中，企业方可设想一些可能会发生的风险或问题，结合项目的特点制定相应的措施。

其次，企业在核实合同内容的重要归属问题时，要查证合同条款用词是否准确，避免使用"约""左右"等字眼；义务、责任等是否存有漏洞，防止企业利益受损。

最后，如果合同财税条款管理不当，会直接影响相应资金的收取与税务的缴纳，所以企业在签订合同时要对财税条款进行规范处理。

具体来说，企业在签订合同时要做好以下工作。

（1）审核合同金额和结算条款

企业在审核合同金额时，要注意以下两点。

一是合同金额应同时有大小写和单位及是否含税，合同正文中的金额计算是否准确等。

二是查证合同金额是否与该资源项目金额匹配，超出部分是否执行了相关审批工作。

除了要审核合同金额外，企业方还要审核结算条款，具体包括以下两点。

一是要审核预付款项、付款进度、验收款等条款，这些条款对款项是否预期收回有着重要的作用。

二是要审核合同条款的结算方式是否符合企业的相关规定，要确保规定和执行相统一。一般来说，企业常用的结算方式有银行转账、银行票据和现金交易。当企业在合同上明确表示了要采用银行转账的结算方式时，就不能用现金交易的方式结算。

（2）审核涉税事项

企业在审核涉税事项时要重点关注以下3个方面。

一是要关注合同里规定的税负承担、发票开具等条款是否符合国家税收政策的相关规定。

二是要明确发票类型与业务内容、业务性质是否一致。

三是涉及增值税业务的部门，要明确是否开具增值税专用发票。

（3）审核合作方的商业信誉和相关情况

企业在签订合同时，一定要审核合作方的商业信誉和履行合约的能力。企业既可以自己去实地考察，也可以委托相关专业机构对合作方的情况予以调查。同时，企业也要注意审核合同上合作方的身份是否真实，即合同上的主体身份要与身份证上的姓名一致，禁止在名字上出现错别字的现象，一切都要规范执行。

根据以上分析，CEO和财税人员要对合同中涉及税收方面的内容有精准且专业的判断，要主动对合同进行风险管理和规范管理，从财税管理角度帮助企业在签订合同时控制风险。

5 涉税风险防范：有的有真实交易，为什么也属于虚开？

不少企业有真实交易，为什么也属于虚开发票？这种情况具体又可分成两种类型来解读。

（1）票货分离型虚开

票货分离型虚开有狭义和广义之分。狭义的票货分离型虚开是指实际购货方不需要发票，而销售方对实际购货方应开具但是未开具发票，转而将发票开给其他需要发票的人。广义的票货分离是指甲公司销售不能抵扣的产品 A 给乙公司，但却给乙公司开具能够抵扣的产品 B 的发票。

【实战案例】

铃木公司销售一批 A 货物给万阳公司，万阳公司购进的 A 货物发票是不能抵扣的，于是铃木公司给万阳公司开具可以抵扣的 B 货物发票。

案例中铃木公司的开票行为就属于票货分离型虚开，即接受发票的乙方增加了抵扣的税款，而开票方却没有增加对应的应纳税额，进而导致国家增值税税款损失，损害了国家的利益。

【实战案例】

铃木公司销售货物给 A，本应开具发票却没有开具发票，却将相应的发票开具给万阳企业。这种开票方式就是典型的票货分离型虚开。

铃木公司销售货物给 A，企业价税合计 1000 万元（其中增值税税款为 100 万元），此时铃木公司面临破产清算，已经没有能力缴纳税款，而万阳公司此时若不接受该虚开的发票，应纳税金额为 110 万元。接受虚开的发票后，万阳公司应纳税金额则变为 10 万元。

在这个案例中，万阳公司抵扣税额后，应纳税额减少了 100 万元，实际上实缴税款也减少了 100 万元。尽管铃木公司应纳税额增加了 100 万元，但因为铃木公司濒临破产，实缴税额未必能增加 100 万元。

这种虚开导致国家增值税税款处于可能流逝的危险状态的最大金额为 100 万元，因此应当按照虚开税额 100 万元对铃木公司和万阳公司予以入罪。

所以，票货分离型虚开发票不仅严重危及企业信誉，企业的相关人员还有可能因为涉嫌违法而被投送监狱。

（2）别的企业代开增值税发票，也易引起涉税风险

除了票货分离型虚开现象外，还存在一种虚开现象，即别的企业代开增值税发票。例如，B 从 C 购得货物，价税合计 1550 万元（增值税为 150 万元），但是专用发票是由 A 企业开具给 B 企业的。

【实战案例】

张先生经营了一家食用油店。该店铺购得食用油若干，但是张先生所购得的增值税发票却不是由生产食用油的厂家开具的，而是由另外一家企业代开的。张先生的行为已经涉嫌违法，最终很有可能会因虚开增值税专用发票而被判刑入狱。

张先生认为自己有真实采购的行为，并且代开的增值税专用发票也是如实记录的，并没有虚构交易的数量、金额和品名，同时开具发票方也缴了税。因此，张先生认为自己没有犯罪。

但张先生的行为确实触犯了法律。因为抵扣方没买货而做出抵扣行为，实则是在逃税。相反，如果抵扣方买到了货后而实行抵扣，就属于合法行为。

国家并不会就某个单独的环节割裂地看问题，而是会从开票方、销售方、物流方等多个角度看问题的。这在相关的法律法规政策中也有体现。

我们接着分析张先生的案例。开票方没有销售但开出了发票，而开发票意味

着必须缴税。开票方之所以愿意开票，是因为开票方"有利可图"。开票方自己的购货是取得了增值税专用发票的，但他对个人销售时，并没有开具发票，因此也不用缴税。这种行为会让国家蒙受损失，而受票方抵扣的税款的出处，其实是开票方隐匿对个人销售收入而偷逃的税款。

因此，即使有真实交易，企业间也不要代开发票，否则以身涉险，得不偿失。

那么，处于什么情况下纳税人对外开具增值税发票时，不属于对外虚开增值税专用发票呢？

【核心要点】

《国家税务总局关于纳税人对外开具增值税专用发票有关问题的公告》（国家税务总局公告 2014 年第 39 号）规定，纳税人对外开具增值税专用发票同时符合以下情形的，不属于对外虚开增值税专用发票。

一是纳税人向受票方纳税人销售了货物，或者提供了增值税应税劳务、应税服务。

二是纳税人向受票方纳税人收取了所销售货物、所提供应税劳务或者应税服务的款项，或者取得了索取销售款项的凭据。

三是纳税人按规定向受票方纳税人开具的增值税专用发票相关内容，与所销售货物、所提供应税劳务或者应税服务相符，且该增值税专用发票是纳税人合法取得并以自己名义开具的。

企业要想规避涉税风险防范，就要从源头上进行遏制。具体来说，交易必须真实；必须签订购销合同；购销合同中的货物、发票中的货物、实际收到的货物的名称、规格型号、数量必须一致；货款必须支付给开出增值税专用发票的供货商，而不得应供货商的要求支付给任何第三方；供货商负责送货上门的，接受方不需要运输发票；接受方承担运费的，必须取得运输发票，运费支付给运输企业的，必须与运输企业签订运输合同；运费支付给供货商的，则销售合同中必须有明确的供货商代付运费的条款；收到发票及时审核、及时认证，发现开票有误或其他问题，当月退回重开。

总之，企业要注意涉税风险防范，多了解相关法律政策，否则即使有真实交易，但不符合相关规定，也仍然会被判定"虚开"，导致企业付出巨大的代价。

6 涉税风险防范：如何防范涉增值税风险

企业生产运营会面临各种涉税风险，涉增值税风险则是其中比较关键的一种。

增值税是以商品（含应税劳务）在流转过程中产生的增值额作为计税依据而征收的一种流转税。从计税原理上说，增值税是对商品生产、流通、劳务服务中多个环节的新增价值或商品的附加值征收的一种流转税。简言之，增值税是对销售货物或者提供加工、修理修配劳务以及进口货物的单位和个人就其实现的增值额征收的一个税种。

常见的涉增值税风险有哪些呢？

一是将购进货物无偿赠送给其他单位或者个人，未视同销售货物计算缴纳增值税。这就需要企业核查营业费用、营业外支出、应付职工薪酬福利费等科目，是否有将自产、外购的货物无偿赠送他人的行为，以及将自产的货物用于职工福利或个人消费未计增值税等行为。

二是处置自己使用过的固定资产，如处置旧汽车、旧设备等，未计算缴纳增值税。

三是增值税发票异常、抵扣时限、专用章伪造、发票丢失等风险。

那么，如何防范涉增值税风险呢？具体如下。

（1）建立追踪货物、发票的开源和货款去向的意识

不可否认的是，一些企业的 CEO 在购销货物时，因为意识上存在懈怠或观

念认知上缺乏与此相关的内容，常常错以为对方给货、给票，而不用追踪货物、发票的开源和货款的去向，因此给了对方虚开发票的机会。如果对方做出了虚开发票的行为，企业方的利益自然就会受损。所以，CEO 要提高风险防范意识，不仅要追踪货物、发票的开源和货款的去向，还要积极地审查发票的性质。一旦发现对方存在舞弊行为，就要采取措施予以禁止。

CEO 除了要做好风险防范外，还要在企业内部进行相关培训。因为在实际工作中，往往都是企业的员工与对方保持并跟进联系的。如果企业不对员工进行相关的增值税专用发票知识的培训，也会增加虚开增值税专用发票的风险。

（2）考察供货方的商业信誉和资信状况

企业要重点考察供货方的商业信誉和资信状况，包括对方的经营规模、生产能力、企业资质和信誉等。一旦发现对方的资信存在问题或显露出潜在风险的信号，就要立即引起警惕并追查。必要的时候，企业可向有关税务机关求助和查证。

（3）采取银行划账的方式

不少企业喜欢采取"一手交钱，一手交货"的交易方式，但是这种交易方式很容易造成开票方是 A 企业，而实际收款却是 B 企业的情况，即使发生虚开发票的情况，也很难被察觉。

正确的做法是企业双方采取银行账户等线上付款方式，既有迹可循，又能防止出现虚开发票而不自知的情况。需要注意的是，如果企业在划拨款项给对方时，发现对方提供的银行账户和发票上的信息不符，就要立即查明情况。等疑问消除过后，再进行付款。

总之，要想成功地防范虚开增值税发票的风险，一方面要求 CEO 和相关财务人员重视，多了解国家相关法律法规的规定，知道哪些行为会导致虚开增值税发票；另一方面 CEO 要秉持"不怕麻烦，细致查证"的理念，用自身行为去规避甚至杜绝虚开增值税发票的可能性，以减少不必要的经济损失。更重要的是，企业在自身完善的同时，也能为国家做出一定的贡献。

7 涉税风险防范：税种优惠如何把控

税种优惠政策是企业进行税收规划的基础和依据，CEO要想有效管理财税，实现减税降费，把控各种税种优惠政策就很有必要。下面，我们重点了解几种税种优惠。

增值税。 增值税的优惠政策分为两大类，即免征和减征。免征是指不用缴纳增值税，而减征是指在原来的征收基础上减少征收。当企业经营范围属于免征或减征范围时，就可以享受税收优惠。这里需要强调的一点是，增值税的免税、减税项目都是由国务院规定的，任何地区、部门都不得自行规定。

消费税。 消费税本身就是对特定货物与劳务征收的，因此没有很明显的优惠政策，但对纳税人出口应税消费品的，会免征消费税，国务院另行规定的除外。

城市维护建设税。 城市维护建设税没有特定的税收优惠政策，其享受的优惠均来源于增值税和消费税的优惠政策。

下面，我们具体介绍企业如何把控税收优惠，进而达到减税降费的目的。

（1）小微企业税收优惠

【实战指引】

小微企业要满足3个条件

一是从事国家非限制和禁止行业，且同时符合年度应纳税所得额不超过300万元的条件。

二是从业人数不超过300人。

三是资产总额不超过5000万元。

对小微企业年应纳税所得额不超过 100 万元的部分，按 25% 计入应纳税所得额，按 20% 的税率缴纳企业所得税；对年应纳税所得额超过 100 万元但不超过 300 万元的部分，减按 50% 计入应纳税所得额，按 20% 的税率缴纳企业所得税。

同时，国家相关法律规定，小规模纳税人发生增值税应税销售行为，合计月销售额未超过 10 万元（以 1 个季度为 1 个纳税期的，季度销售额未超过 30 万元）的，免征增值税。

小规模纳税人发生增值税应税销售行为，合计月销售额超过 10 万元，但扣除本期发生的销售不动产的销售额后未超过 10 万元的，其销售货物、劳务、服务、无形资产取得的销售额免征增值税。

这对小微企业来说，无疑是一笔实实在在的优惠。在新财税体制下，能达成减税降费的目的。

（2）增值税小规模纳税人的税收优惠

对月销售额 10 万元以下（含本数）的增值税小规模纳税人，免征增值税。

对小型微利企业应纳税所得额不超过 100 万元的部分，减按 25% 计入应纳税所得额，按 20% 的税率缴纳企业所得税；对年应纳税所得额超过 100 万元但不超过 300 万元的部分，减按 50% 计入应纳税所得额，按 20% 的税率缴纳企业所得税。

增值税小规模纳税人已依法享受资源税、城市维护建设税、房产税、城镇土地使用税、印花税、耕地占用税、教育费附加、地方教育附加等其他优惠政策的，可叠加享受相关优惠政策。

（3）其他税收优惠

根据我国相关税法规定，当企业满足以下条件时可以享受税收优惠政策。

一是，税法规定以废水、废渣、废气等废弃物为主要原料进行生产的企业，可在 5 年内获得减征或免征所得税。

二是，税法规定福利生产企业若是安置"四残"人员（指盲、聋、哑及肢体残疾的人员）占生产人数总额 35% 以上的，暂免征收所得税；占 10%~35% 的，减半征收所得税。

三是，税法规定对科研单位和大专院校服务于各业的技术成果转让、技术培训、技术咨询等服务收入暂免征收所得税。

除此之外，安置待业人员的企业和农村的产业服务行业，同样也享受相关的税收优惠。

企业所得税是税收优惠政策中的一个大项，包括税前扣除、直接减免、定期减免、低税率、加计扣除、投资抵税、减计收入及免征额优惠等政策。

企业如果能够成功把控税收优惠政策，就能够给企业发展带来实实在在的利益，进而促进企业更好、更快地发展。

第七章

投融资决策：
权衡风险、收益和成本

　　正确的投融资决策，不仅能够给企业带来巨大的经济效益，还能严格把控投融资收益的质量和成本。

1 什么是投资和融资？

企业要发展，就需要不断向外拓展业务，以获得更多的资金，维持企业的正常运营。同时，在发展的过程中，为了规避资金短缺或满足扩大规模的需要，企业也会向外获得资金支持，其中就涉及投资和融资。

（1）投资

投资是企业或个人为了特定的目的，与对方签订协议，输出资金，促进社会发展，实现互惠互利的过程，或者是企业为了在未来可预见的时间内获得收益或资金增值，在一定时期内向一定领域投放足够数额的资金或实物的货币等价物的经济行为。

一般来说，投资资产是一种具有财务风险的资产，投资周期一般较长。根据时间划分，投资分为短期投资和长期投资。

【核心要点】

短期投资是指一年内（含一年）能收回的投资，一般是对现金应收账款、存货等进行的投资。

长期投资是指一年以上才能收回的投资，其中 3~5 年为中期投资，5 年以上为长期投资。长期投资一般是针对房屋、机器、设备等的投资，其投资风险通常也高于短期投资的投资风险。

企业对外投资一方面能够将企业的资金充分利用起来，以提高资金的利用率，增加收益；另一方面也能有效地开辟新市场，扩大企业规模。但不能忽视的是，投资行为兼具收益和风险。所以，企业投资切忌激进，急于求成，而是要根据企业的经营状况、当前市场产品情况和未来发展情况选择适宜的投资方式，只有这样，才能获得收益。

（2）融资

融资从广义上说就是通融资金，是货币资金的持有者和需求者在金融市场上贷出或筹措资金的行为。从狭义上说，融资就是一个企业筹集资金的行为与过程。企业会根据自身的资金状况、生产经营情况以及企业未来发展的需求，经过科学严谨的分析与决策，采用某种渠道向企业的投资者或债权人筹集、组织资金，以保证企业的正常运营和未来发展。它是一种理财行为。

融资是企业发展的重要环节，对中小型企业来说尤其重要——为了降低经营的压力它必须依托资金的支撑。不过中小型企业常常陷入融资误区，将融资当成一个短期应急行为，只有在自己需要资金时才会选择融资。这里又包含了以下3种融资情况。

一是当CEO觉得企业现阶段运营缺钱而选择融资。

二是当前企业发展到一定规模且急需扩大时进行融资。

三是企业生存遭到其他企业的竞争威胁时进行融资。

虽然企业出现以上3种状况时确实存在融资的需要，但是企业如果以这3个理由进行融资并不能打动投资人。因为投资人是来寻找潜力股的，而不是来"扶贫"的。

【核心要点】

对于一个企业来说，最好的融资时间点是项目已经启动，且呈现出盈利的状态，后续腾飞发展需要更多的资金，但又不缺钱的时候。

这个融资时间点既能让投资人看到企业当前的成绩，又能让投资人看到企业的发展潜力，进而使投资人愿意投资。

例如，2018年9月，新氧医美O2O平台（以下简称"新氧"）完成E轮

7000 万美元融资，它也成为互联网医美领域唯一获得 C 轮融资的创业公司。而新氧获得多轮融资的关键在于投资人看到了新氧的潜力和价值，尤其是新氧的独创性和巨大的市场流量。同时，新氧的创始人金星也称融资主要是出于战略和业务发展的角度考虑，新股东的加入也让新氧的投方阵营更具实力。这也是融资的价值和魅力。

从某种程度上说，融资对企业真正的价值就像在晴天里准备雨伞，天晴时修缮屋顶。未雨绸缪，这样暴风雨来临时才会安全。所以，千万不要等到企业缺钱时再融资，因为那不仅会增加融资的难度，而且会降低融资的价值。

融资方式一般可分为内部融资和外部融资。

内部融资是指依靠企业内部的现金流量来满足企业生产经营的新增资金需求，以企业留存的税后利润和计提折旧形成的资金作为资金来源。

外部融资是指企业从外部获得资金。其中又分为两个方向：一是直接融资，即直接通过证券市场向投资者发行股票、企业债券、信托产品以获得资金；二是间接融资，即企业通过中介机构（如银行等金融机构）以借入长短期借款、发行债券等方式获得资金。

外部融资的优点众多，总结起来可归纳为以下 3 点。

一是外部融资方式多样，可以满足企业方多样的资金需求，提高资金的使用效率。

二是可利用财务杠杆，增加企业的价值和股东财富。

三是外部融资也能提升企业知名度，尤其是知名投资机构投资中小型企业，能够让更多的人认识到中小型企业的价值，无形中提升了中小型企业形象，扩大了企业的影响力。

当然，外部融资也有其局限性。例如，外部融资申请条件严格，不符合要求的企业很难获得资金支持；企业股权会被稀释，损害老股东的权益；成本高，如果企业到期不能偿还，会面临破产清算的风险。

总体来看，大企业常选择外部融资方式，而中小型企业因自身实力受限，则无法在资本市场上轻易获得融资。

因此，中小型企业融资常通过内部融资的方式完成，因为内部融资成本相对较低、风险也较小，也能相对有效地控制财务风险，保持财务稳健。

通过对投资和融资的分析可以得知，它们都是企业经营中的一种手段。无论是投资还是融资，对企业发展都有着重要的意义。同样，投资和融资也会面临一定的风险，这就需要企业做好风险分析和前期预估，在可承担的风险范围内进行投资和融资。

总之，CEO 在进行投融资行为时，要根据企业自身的经营和财务状况，并依据宏观经济政策的变化，选择适合企业的、性价比高的投融资方式。

2 估值：投融资决策的基础

企业投融资行为不是一时兴起的，而是要经过严密的分析和准备。其中，很重要的一项工作就是对企业的价值进行评估，这是投融资决策的基础。一家企业的价值，则取决于其拥有的资产及其获利的能力。

巴菲特有一句名言："企业的内在价值是一家企业在其剩余的寿命中可以产生现金的折现值。"这说明如果企业的内在价值低，那么它的寿命也不会很长。在企业内在价值低的情况下，企业若是盲目对外进行投资和融资，反而会将企业推入火坑。所以，企业在投融资前要进行估值。

估值，通俗来讲，就是看看企业值多少钱、有多少钱。

【实操案例】

一家企业融资前的估值是 800 万元，融资金额是 150 万元。这样，融资后投资人所占的股权比例是 15.79%，这就是融资前估值。同样的情况，如果用融资后金额来计算，即企业融资后估值是 800 万元，投资人出资 150 万元。此时企业融资前估值就变成了 650 万元，融资后总计 800 万元，投资人占 18.75% 的股份。所以，同样的估值金额，在不同的说法下，结果也会不同。

从这个案例来看，股份从 15.79% 到 18.75% 的变化表明，该企业可能会损失将近 3% 的股份。这也显现出企业在投资前进行估值的重要性。

估值常采取客观与主观相结合的方式进行。其中客观是指要看企业的基本面，主观是指要依据决策者判断。

【实战指引】

企业价值的 3 个基本面

一是面向过去，主要看企业的账面价值。分析过去时间内企业的盈利情况，包括资产、收入、支出、现金流、利润等。

二是面向未来，主要看企业的市场价值。了解本企业在市场上的优势，未来的发展和盈利空间。

三是面向数据，主要看企业的估值模型。估值模型是企业经常使用的估算企业价值的方法。

一般说来，常见的企业估值模型有 4 种。

（1）PE 法

PE 法又称为市盈率法。

【实战指引】

PE 法计算公式

PE = 企业价值 ÷ 净利润

PE 法适合一些周期性较弱、盈利相对稳定的企业，以及成熟企业或收入、盈利水平相对稳定的企业。相反，如果一家企业刚创立不久，还未盈利，就不适宜用 PE 法进行估值。

（2）PEG 法

PEG 法是在 PE 法的基础上演变而来的，是市盈率和收益增长率之比。其中，"G"是企业未来几年（一般是 3 年以上）的复合增长率。

【实战指引】

PEG 法计算公式

PEG =（每股市价 ÷ 每股盈利）÷ 每股年度增长预测值

PEG 法估值最大的特点是把成长性考虑在内，它不只注重企业当前的盈利情况，还充分考虑企业未来的成长性，即对企业未来的预期。

一般来说，PEG 法适合早期的企业估值，它弥补了 PE 法的局限。同时，它也适合高成长型企业的估值。尤其是随着互联网的高速发展，虽然很多企业一开始业务量比较小，但在恰当的机遇下，业务可能就会呈现爆炸式的增长，此时用 PEG 法进行估值就相对准确一些。

（3）PS 法

PS 法与前两种估值模型相比，被使用得较少。相对而言，PS 法的关注点大部分在销售额的增长上。

【实战指引】

PS 法计算公式

PS = 企业价值 ÷ 预测销售额

（4）DCF 法

DCF 法也称为现金折现法，这是企业比较常用的估值模型。它会对企业未来 5~7 年的经营情况做出一些有根据的假设，从而估算出企业未来几年的收入、成本和利润等情况。

这个估算方法比较全面，它首先对企业未来的经营成果进行预测，然后在这个结果的基础上进行折现，再进行估算。

【实战指引】

DCF 法计算公式

$V = \Sigma \left(FCF \div \left(1+K \right) \left[t \right] \right) + \left(F \div \left(1+K \right) \left[t \right] \right)$

其中，FCF 是自由现金流量；K 是折现率或加权平均资本成本；F 是预期转让价格；V 是企业价值。

DCF 法的特别之处在于，它基于基本的经营数据对未来企业利润或财务收入模型进行预估，所以它适合任何类型的企业。并且它还基本涵盖了完整的评估模型，框架严谨且科学。

在了解以上 4 种估算企业价值的方法后，企业可以选择与自身情况相符的方法进行估值，衡量自己投融资的风险。

同时，企业价值也不是固有不变的，它会根据市场和商业环境而发生变化。这就意味着 CEO 一定要很详细地了解企业的具体情况，在投融资前要对企业的价值进行全方位估算。估算完成后也要进一步自查，以了解估算是否合理。

总之，投融资行为并不是心血来潮的，它的背后有精密的估值在支撑。CEO 在进行投融资前，一定要估算好企业的价值，了解自己付出多少，能得到什么。只有小心谨慎地决策，才能更有胜算地发挥资金的作用，进而提升企业的价值。

3 货币的时间价值与现金流

CEO 在进行投融资时，有两个重要的考量因素：一是货币的时间价值；二是现金流。货币的时间价值关乎企业在投融资过程中的未来收益；现金流则关乎投融资对企业运营造成的影响。

下面，我们具体分析一下货币的时间价值与现金流。

（1）货币的时间价值

货币的时间价值是指货币经历一定时间的投资和再投资所增加的价值，也称为资金时间价值，具体是指当前所持有的一定量货币比未来获得的等量货币具有更高的价值。例如，你的朋友向你借了 1000 元现金，承诺 3 个月后还款 1100 元。其中多出来的 100 元就是货币的时间价值。

货币的时间价值具体表现在以下 3 个方面：

一是货币可用于投资，获得利息，从而在将来拥有更高价值的货币；

二是货币的购买力会因通货膨胀的影响而发生改变；

三是未来的预期收入具有不确定性。

货币的时间价值的计算方式为单利计算法。

单利计算法是指一种在规定期限内获得的利息均不计算利息，只就本金计算利息的一种方法。一般分为单利终值和单利现值的计算。

单利终值指按单利计算出来的资金未来的价值，也就是按单利计算出来的本金与未来利息之和。

【实战指引】

单利终值的计算公式

$F=P(1+i\times n)$

其中，P 为现值（本金），F 为终值，n 为计算期数，i 为利息率。

单利现值是指预计未来某一时间收到（或付出）的一笔款项按单利法折合的现在的价值。

【实战指引】

单利现值计算公式

$PV=FV\div(1+i\times t)$

其中，PV 为现值（本金），FV 为终值，i 为利率，t 为计息时间。

"钱生钱"，并且所生之钱会生出更多的钱。这就是货币的时间价值的本质。因此，货币的时间价值又被称为理财的"第一原则"。

同样，企业生产运营也遵循着"钱生钱"的原理。例如，企业投入货币资金购买原材料，进而生产出产品，产品再经销售获得高于最初投入的货币资金。随着时间的延续，货币也在循环中获得几何级数增长，使货币具有较高的时间价值。

（2）现金流

现金流可以说是企业顺利进行一项经济活动的基础。很多企业都会出现企业账面利润看似丰厚，但却由于资金流断裂或无力偿还债务而陷入财务困难的情况。相反，有的企业可能账面上利润不可观，但因为现金流状况良好，资金充足，企业运营有序。

就一项经济活动而言，现金流可以分为 3 种类型。

第一，初始现金流。

初始现金流一般是指经济活动开始时投入的现金，它是此项经济活动的现金流出，包括固定资产的投入，如购买厂房、办公区等；流动资产的投入，如购买材料、设备等支出；其他投资费用，如工资、培训费等。

第二，营业现金流。

营业现金流是指企业从事一项经济活动的过程中所产生的现金流入和流出的数量。现金流入一般是指经营活动产生的现金收入，现金流出是指经营活动中的各项成本费用支出等。

第三，终结现金流。

终结现金流一般是指一项经济活动完结时所产生的现金流入，包括处理固定资产所取得的现金收入，收回原先垫付的各种流动资金等。

一旦企业缺少资金，周转不灵，就会导致企业经营遭遇危机。因此，关于现金流，CEO 要重点关注以下 3 点内容。

一是要确定最佳现金持有量。所谓最佳现金持有量是指企业内部现金既能满足生产经营需要，又能使其使用效率和效益最高的最低持有量。而确定企业的最佳现金持有量的方法有多种，下面我们介绍一种简单好用的计算方法，即利用现金周转期，通过以下 3 个公式计算出企业的最佳现金持有量。

【实战指引】

计算企业的最佳现金持有量的 3 个公式

第一个公式：现金周转期 = 库存周转期 + 应收账款周转期 - 应付账款周转期

第二个公式：现金周转率 = 360 ÷ 现金周转期

第三个公式：最佳现金持有量 = 年现金需求量 ÷ 现金周转率

二是增强货币的时间价值。要想提高企业的现金效率，增强货币的时间价值，企业要尽可能地做到降低存货余额，缩短存货周转天数；在不影响企业信誉的前提下，尽可能地延长应付账款应付天数，减少应收账款的周转天数。

三是不过度经营。企业要想有良好的现金流，就要做到不过分投资，不过度经营。不少企业会有"没有学会走路却想要跑"的行为，如在生产经营过程中过度投资或频繁大量地向外界举债，欲望过高而眼界和能力不足，最终只会自食其果，给企业带来重压。所以，CEO 要顺应企业当前发展的节奏，有序、有度、有节地进行经营。

总之，货币的时间价值与现金流能给 CEO 带来很多的信息和启示，会给企业带来深远的影响，影响企业在未来的发展。因此，CEO 应关注这两个重要的价值点。

4 如何科学地评价与选择项目

企业要想从投融资行为中获得利益，就要做好科学地评价与选择项目的工作。具体是指，企业要对拟投资项目进行可行性分析，预测该投资会取得的收益和可能遭遇的风险等，从而判断该项目是否值得投资。也就是说，CEO 要对投资目标、投资规模、投资方向、投资结构与收益等经济活动中的重大问题进行分析、判断和方案选择。

对于大企业来说，一次投资失败可能只是有损"皮肉"。而对于小企业来说，一次投资失败很可能就会让企业陷入极大的困境，甚至直接退出市场。所以，越是处在发展初期的中小企业，越要谨慎投资。

（1）企业对外投资的形式

企业对外投资有多种形式。

一是按照与生产经营的关系，投资可分为直接投资和间接投资。生产性投资是典型的直接投资，企业对外进行的金融性投资或证券投资属于间接投资。

二是按照投资回收时间的长短，投资又可分为短期投资和长期投资。长期投资是指一年以上才能收回的投资，如固定资产投资。一般地，长期投资涉及的金额更大，影响也更长远，因此也是科学评价和选择项目的重点。

三是按照投资发生作用的地点不同，投资可分为内部投资和外部投资。 内部投资是企业在内部进行的投资，如生产性投资等。外部投资是指对企业外部进行的投资，如股权投资等。

一般来说，CEO要从投资必要性、财务可行性、组织可行性、社会可行性、风险因素控制可行性等角度对项目进行分析，如图7-1所示。

投资必要性分析主要包括两点：一是做好投资环境的分析，对构成投资环境的各种要素进行全面分析论证；二是做好市场研究，包括市场供求预测、竞争力分析、价格分析、市场细分、定位及营销策略等。

财务可行性分析主要是从项目及投资者的角度设计合理的财务方案，从企业理财角度进行资本预算，评价项目的财务盈利能力，进行投资决策，并从被投资单位的角度评价股东投资收益、现金流量计划及债务清偿能力。

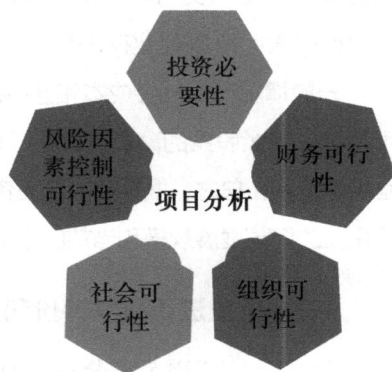

图7-1　项目分析的5个指标

组织可行性分析是通过制订合理的项目实施进度计划，设计合理的组织结构，选择经验丰富的管理人员，建立良好的协作关系，制订合理的培训计划等方式，保证项目顺利进行。

社会可行性分析指分析项目对社会的影响，包括方针政策、经济结构、法律、道德等。

风险因素控制可行性分析指对项目的市场风险、技术风险、财务风险、组织风险、法律风险等进行评价，制定规避风险的对策，为项目全过程的风险管理提供依据。

以企业进行股票投资为例。

股票投资是指企业通过购买股票获得一定投资收益的行为，我国很多企业都会选择这种投资方式进行投资。企业在评价准备投资的股票时，要衡量它的投资收益和投资成本。一般来说，股票投资成本包括机会成本和直接成本。

机会成本是指如果企业选择股票投资，就要相应地放弃其他的投资项目，这也就相当于在无形中放弃了从其他投资中获取收益的机会，这种收益就是股票投资的机会成本。

直接成本是企业直接花费在股票投资上的费用，如购买股票的价款、购买股票过程中产生的交易费、税金等。总体来说，股票投资的收益往往较高，但风险也会比较大，所以企业在进行股票投资时应谨慎。

一般情况下，机会成本和直接成本都是不可避免的。例如，若企业选择投资货币基金，那么股票的高收益就是"机会成本"，直接成本自然就是投资货币基金过程中的花费。总之，要想选中的投资项目相对而言对企业更有价值，就需要 CEO 根据企业的经营发展规模和当前的经济能力选择对企业来说性价比更高的投资项目。

（2）企业进行科学评价和选择项目的步骤

企业在科学评价和选择项目时，可参考以下几个步骤进行。

【实战指引】

科学评价和选择项目的 4 个步骤

第一步，预算收支。企业要搜集有关预算的各方面的资料，从而准确地估算出该投资方案所需要的初始投资、该投资方案未来的现金流量以及该投资方案所需要的年限等。

第二步，预估风险。企业在进行投资决策时还应关注此投资方案的风险的大小，从而提前做好准备，减少额外的损失。

第三步，确定资本成本。企业进行投资的资金往往是通过各种方式筹措而得的，为了合理地计算投资收益，企业在进行决策的过程中不可忽视资本成本的预算。

第四步，计算净现值。投资项目的收入和支出往往分布在未来的不同年份当中，由于资金具有时间价值，企业需要计算这些收入和支出的净现值，以方便比较。

科学地评价与选择项目是投资前必要的一环，CEO 要综合考虑，选择适合企业实际情况的高性价比的投资项目。

5 投资决策中的财务支持和财务依据

对于一家企业来说，投资活动一般分为两大类：一类是购建固定资产、无形资产和其他长期资产并支付现金，主要是为对内扩大再生产奠定基础；另一类则是对外进行购买股权、债权并支付现金，主要是对外扩张。

因此，CEO 不能单纯地将投资认定为只是对外投资的一种，其实给企业内部购置固定资产和无形资产也属于投资的范畴。当然，投资决策不是随性而产生的行为，它需要有财务支持和财务依据。

一般情况下，CEO 可以对投资项目进行详细可行性分析和评价，以数据和预算为基础对投资项目进行科学的决策。同时，CEO 还要关注投资项目引起企业现金支出和现金收入的变动数量，防止投资项目影响企业的资金周转。

（1）预测投资回收期

投资回收期也称为"投资回收年限"，即投资项目投产后获得的收益总额达到该投资项目投入的投资总额所需要的时间（年限）。CEO 要学会预测投资回收期，以此做出合理的投资决策。

投资回收期的计算方法有很多种，按回收投资的起点时间不同，分为项目投产之日计算投资回收期和投资项目之日起计算投资回报期；根据是否考虑资金的时间价值，分为静态投资回收期和动态投资回收期。

下面，我们重点分析一下静态投资回收期和动态投资回收期是如何计算的。

静态投资回收期

静态投资回收期是不考虑资金的时间价值而直接在未来现金流量累积到原始投资数额时所经历的时间。计算静态投资回收期时要分两种情况：一是未来每年现金流量相等，二是未来每年现金流量不相等。

当未来每年现金流量相等时，可利用简单的计算公式预测出项目的投资回收期。其计算公式为：**静态投资回收期 = 原始投资额 ÷ 每年现金净流量。**

一般情况下，投资回收期越短，该投资方案就越有利。投资回收期可以自项目建设开始年算起，也可以自项目投产年开始计算，无论怎样计算，都需予以注明。

【实操案例】

某企业投资某个项目，该项目的初始投资为 20 万元，从第一年年末开始，每年可以回收 5 万元，那么该项目的投资回收期就是 5 年（20÷4）。

如果未来每年现金净流量不相等，则需要逐年加总现金净流量，最终确定投资回收期。设 M 是收回原始投资的前一年，此时，**静态回收期 =M+ 第 M 年的尚未回收额 ÷ 第（M+1）年的现金净流量。**

动态投资回收期

动态投资回收期会考虑资金的时间价值，是将投资项目各年的现金净流量按基准收益率计算现值，再推算投资回收期，即以未来现金净流量的累计现值等于原始投资额的现值所经历的时间为投资回收期。

【实战指引】

动态回收期的计算方法
计算动态回收期要分两种情况。

一是未来每年现金净流量相等，计算公式为：原始投资额现值 = 每年现金净流量 × （P/A，i，n）（其中 P/A 为现值（本金），n 为计算期数，i 为利息率）。

二是未来每年现金净流量不相等，根据累计现金流来确定回收期。设 N 是收回原始投资额现值的前一年，此时，动态回收期 = N+ 第 N 年的尚未回收额的现值 ÷ 第（N+1）年的现金净流量现值。

投资决策的动态评价法是企业评价长期项目时经常采用的评价方法，该方法考虑到了资金的时间价值，相对比较准确。

（2）衡量投资收益率

投资收益率是指投资收益与投资成本的比值，又称投资利润率。

【实战指引】

投资收益率的计算公式

投资收益率 = （投资收益 ÷ 投资成本）×100%

投资收益率是衡量企业投资回报率的指标。一般而言，该指标越大，说明企业的投资回报越多，投资收益越高。

【实操案例】

一个企业想要投资一个项目，预计投资所取得的收益是 3 万元，投资成本是 10 万元，那么该企业的投资收益率 = （3÷10）×100%=30%。

投资收益率反映了企业在投资活动中的收益能力。如果该比率小于企业的净资产收益率，那么企业的投资是失败的，因此企业要积极地采取措施改善投资活动。

相反，如果该比率大于企业的净资产收益率，那么企业的该项投资则是比较成功的。

（3）估计项目现金流

CEO 在进行投资项目可行性分析时，除了要对项目可能面临的风险进行分析外，还要关注投资项目引起企业现金支出和现金收入的变动数量，防止投资项目影响企业的资金周转，即要提前估计项目现金流。

投资项目的现金流是指在投资决策中一个项目引起企业现金支出和现金收入增加的数量。而现金净流量是指一定时期内现金流入量与现金流出量的差额。CEO 在进行投资决策时，一定要进行项目现金流量的估算，因为现金流量对企业的意义比利润对企业的意义更重要。

（4）学会中断亏损项目，及时止损

企业常带着赢利的目的从事一项投资活动，但投资具有风险性。所以，企业所投资的项目面临亏损时，最好的办法就是中断亏损项目，及时止损。

这里又会出现一个新的问题，即如何判断此时进行的项目处于亏损状态呢？这就需要 CEO 把握盈亏平衡点。首先要估算出达到盈亏平衡时所需的年均现金流量，然后推算出这些现金流量所需的收入水平，最后计算出产生这些收入所需的销售量。

【实战指引】

年均现金流量的计算公式

年均现金流量 =（销售收入 − 变动成本 − 固定成本）×（1 − 所得税税率）+ 折旧

=[（销售单价 − 单位变动成本）× 销售数量 − 固定成本]×（1 − 所得税税率）+ 折旧 = 初始投资 ÷ 年金现值系数

总之，CEO 在进行投资决策时要关注投资回收期、投资收益率、项目现金流

和项目当前的盈亏平衡点，以做出更明智的决策。

6 融资决策中的财务支持和财务依据

除了投资决策需要相关的财务支持和财务依据外，融资决策同样也需要相应的财务支持和财务依据，以确保企业的融资决策更加明智、规范。

（1）预测资金需求量是融资管理的起点

这里，我们介绍两种预测方法。

一是因素分析法。因素分析法又称为分析调整法，是以有关项目基期年度的平均资金需求量为基础，根据预测年度的生产经营和资金周转加速的要求，进行分析调整，预测资金需求量的一种方法。

【实战指引】

因素分析法的计算公式

资金需求量 =（基期资金平均占用额 − 不合理资金占有额）×（1± 预测期销售增减率）×（1± 预测期资金周转速度变动率）

一般情况下，因素预测法计算简便，但预测结果并不十分精确，不适合品种繁多、规格复杂、资金用量小的项目。

二是资金习性预测法。资金习性预测法是指根据资金习性预测未来资金需求量的一种方法。所谓资金习性，是指资金的变动同产销量变动之间的依存关系。按照资金同产销量之间的依存关系，可以把资金分为不变资金和变动资金。

不变资金是指在一定的产销量范围内，不受产销量变动的影响而保持固定不变的那部分资金。也就是说，当产销量在一定范围内变动时，这部分资金保持不变。具体包括：原材料的保险储备，必要的产成品储备，厂房、机器设备等固定资产占用的资金。

变动资金是指跟随产销量的变动而同比例变动的那部分资金。一般包括直接构成产品实体的原材料、辅助材料、外购件等占用的资金。

一般说来，资金习性预测法根据资金占用总额与产销量的关系来预测资金需求量。首先根据企业资金占用总额与产销量之间的关系，把资金分成不变和变动两部分，然后结合预计的销售量来预测资金需求量。

【实战指引】

资金需求量的计算公式

资金需求量 = 不变资金需求量 + 预测期销售量 × 单位产销量所需变动资金

从资金习性的角度分析，资金可划分为变动资金和不变资金，从数量上掌握资金同销售量之间的规律，对企业准确地预测资金需求量有很大帮助。

【实操案例】

某企业历年产销量和资金变化情况显示，企业年产销矩阵的能力在 1 ～ 1.5 万台。其中不变资金为 800 万元，矩阵单位产销量所需变动资金为每台 500 元。企业在 2018 年的销售量为 2 万台，2019 年预计产品销售量为 2.2 万台。

该企业 2019 年预计资金需求量为：预测年度资金需求量 =800+500 × 2.2=1900（万元）

（2）常见的融资方式

一般来说，企业在融资时应先考虑内部融资。内部融资具有成本较低、风险较小、使用灵活等优点。在内部融资不能满足企业需求时，再考虑外部融资。

无论是内部融资还是外部融资，通常情况下，企业融资的方式均为股权融资。股权融资是指企业的股东愿意让出部分企业所有权，通过企业增资的方式引进新的股东，同时使总股本增加的融资方式，也被称为权益资本，是企业最基本的融资方式。股权融资的优势有 3 点，如图 7-2 所示。

作为企业的本钱

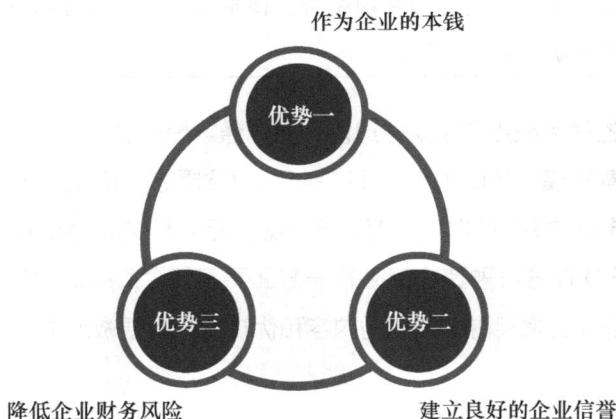

降低企业财务风险　　　　　　建立良好的企业信誉

图 7-2　股权融资的优势

一是可以作为企业的本钱。股权资本是企业的永久性资本，没有固定的到期日，一般无须偿还，在企业清算时才有可能予以偿还。这对于保障企业对资本的最低需求、促进企业长期持续稳定经营有着重要意义。

二是可以建立良好的企业信誉。股权资本作为企业最基本的资金，代表了企业的资本实力，是企业与其他单位开展经营业务、进行业务活动的信誉基础。

三是可以降低企业财务风险。股权资本不用在企业正常运营期内偿还，不存在还本付息的财务风险。

当然，股权融资也存在一定的局限性。例如，股权资本一般成本负担较重，要高于债务融资的负担。如果长期不派发利润和股利，企业的市场价值将受到影响。同时，股权融资也容易分散企业的控制权，进而影响企业管理层的人事变动和决策效率，最终影响企业的正常经营。

除了股权融资外，债务融资也是企业常见的融资方式。

<hr>

【核心要点】

债务融资主要是企业通过向银行借款、向社会发行企业债券、融资租赁以及赊购商品或劳务等方式筹集和取得的资金。向银行借款、发行债券、融资租赁和商业信用，是债务融资的基本形式。

<hr>

债务融资的最大缺点在于财务风险较高。通常债务融资要求企业具有相当的资产规模和经营规模，因此中小企业在股票、债券融资方面存在一定困难。当企业具有较高的市场占有率和知名度后，债券融资运行则会较为顺畅。

总之，CEO 在进行融资决策时，一方面要了解企业所需的资金需求量，另一方面也要了解企业常见融资方式的内容和优缺点，以便做出更好的融资决策。

7 融资时易受青睐的财务报表

企业融资的过程就像是一位求职者的应聘过程。要想成功地被面试官选中，求职者首先需要递交一份漂亮的简历。只有面试官通过简历看到求职者的发光点，如相关的实习经历、院校背景和专业、学校成绩等，求职者才会被接受入职。同理，CEO 在融资时也要制作一份漂亮的易受青睐的财务报表，展现本企业的成绩和发展前景等内容，进而打动投资人，获得融资。

（1）融资时，资产负债表要注意的事项

前面我们说到资产负债表是企业的"底子"，它能让投资人看见企业的规模、

资产分布情况以及所欠的外债、内债等内容，能够让对方摸清企业的"家底"，预见企业未来的财务状况。投资人之所以愿意给某家企业投资，看重的是投资的利润回报和股权的增值收益。如果企业的"家底"很薄，投资人自然很难愿意投资。

【核心要点】

如果企业的资产负债表上短期借款的数额和长期负债的金额很大，而所有者权益较低，投资人会认为企业"负担"重，周转困难，不愿意"蹚浑水"。

投资人除了关注企业的短期借款、长期负债和所有者权益外，也很关注企业的资产负债率。资产负债率也是一项衡量企业利用债权人资金进行经营活动能力的指标，它反映出债权人发放贷款的安全程度。对企业来说，负债率越低越好。而对投资人来说，负债比率高可能意味着企业投资价值更高。

（2）融资时，利润表要注意的事项

利润表是企业的"面子"，反映企业的获利能力。

投资人在拿到一张利润表时，首先会查看**企业的收入、成本费用、利润总额和大致的分布情况**，了解企业近几年的利润变动情况，对企业的经营状况进行初步了解。

接着，投资人会查看**企业的收入**。因为收入能够直观地展现企业的经营状况和市场竞争力。

此外，投资人还会查看企业的营业利润和主营业务。因为营业利润是企业盈利的基础和保障，而主营业务的硬度决定盈利质量。如果企业的营业利润低，说明企业的主营业务发力不足或缺乏潜力，这也是投资人不愿意看到的情况之一。

（3）融资时，现金流量表要注意的事项

【核心要点】

融资时，投资人想要看到的是企业经营活动产生的现金流量金额大于净利润，且大于零；销售商品、提供劳务收到的现金大于营业收入；投资活动产生的现金流量小于零；分配股利、利润或偿还利息支付的现金可观等。

例如，净现金流是现金流入减去现金流出的差额，这一项目显示出企业在靠什么而存活。如果这个指标大于零且数额不小，说明企业是靠着正常经营而存活的。相反，如果这个指标为负数，说明企业在吃老本或借钱度日，过得艰难。投资人会由此判断企业的"日子"是否好过。

需要强调的是，企业要想成功地吸引投资人的目光，只展示一年的财务报表是不足以让投资人信服的。一般来说，投资人很愿意看到企业 5 年的财务报表。因为 5 年的时间既能看出企业的成长轨迹，又能看出企业的发展潜力，对企业来说，也显得更为客观公正。因为很多企业，尤其是初创企业，前两年基本处于亏损状态，后 3 年才会慢慢发展起来，展露实力。

当然，不同的投资人也会因为经历、性格等不同而对财务报表的关注点不同。因此，要想制作一份融资时易受青睐的财务报表，CEO 与相关财务人员还要了解投资人喜欢投资什么样的企业，他们在投资一个企业时更看重企业的哪些方面，重点考察企业的哪些项目等。在此基础上，再注意查看三大财务报表中重点提及的内容是否完善，并做进一步的补充、优化。

需要注意的是，为了能制作出一份令投资人青睐的财务报表，有的企业会"粉饰"财务报表，夸大事实，导致制作出来的财务报表不符合企业的实际情况。事实上，这些是得不偿失的行为，会让企业损失得更多，不仅难以招募到真诚的投资人，还会让企业的信誉受损。

参考文献

[1] 张金宝. 财商：老板财务管控必修课 [M]. 广东：南方出版传媒，2016.

[2] （美）罗伯特·T·清崎（Robert Toru Kiyosaki）. 穷爸爸富爸爸 [M]. 海口：南海出版公司，2011.

[3] 王建. 读懂财务报表就是这么简单 [M]. 北京：中国工信出版社集团，2018.

[4] 张磊. 商业模式转换一点通 [M]. 北京：中国财富出版社，2018.

[5] （美）迈克尔·波特（Michael E. Porter）. 竞争战略 [M]. 北京：华夏出版社，2005.

[6] 李晶. 量本利分析在营销管理中的应用 [J]. 商业文化，2009（09）.

[7] 人民论坛网. 华为如何建立民主化的治理机制 [EB].

[8] 谢世杰. 读懂财务报表看透企业经营 [M]. 北京：中国工信出版社集团，2016.

[9] 刘亚莉. 总经理财务一本通（第 2 版）[M]. 北京：北京联合出版公司，2015.

[10] 周光恢，张颖. 财务公式运用大全：不可不知的 180 个公式 [M]. 北京：中国铁道出版社，2015.

[11] 魏明. 财务轻松学丛书：企业全面预算管理从入门到精通 [M]. 北京：机械工业出版社，2010.

[12] 王苏，马晓燕. 中小企业财务一本通：非财务人员的财务管理 [M]. 广东：广东旅游出版社，2010.

[13] （美）哈罗德·孔茨（Harold Koontz）. 管理学 [M]. 北京：经济出版社，1993.

[14] 中国新闻网. 中国增值税改革 [EB].

[15] 国家税务总局. 关于扩大小规模纳税人自行开具增值税专用发票试点范围等事项的公告 [EB].

[16] 中国腾讯网. 2019 年 3 月 1 日起，这些税收政策正式实施啦！[EB].

[17] 中国搜狐网. 公司成立后超过 6 个月不经营，随时可能被吊销执照！[EB].

[18] 中国政府网. 小微企业享受税收优惠政策要满足哪些条件？[EB].